自珍集

儷松居長物志

山田子題

国家出版基金项目
NATIONAL PUBLICATION FOUNDATION

王世襄集

王世襄 编著

自珍集

俪松居长物志

生活·讀書·新知 三联书店

作者夫妇摄于2002年

　　"文革"中，我与世襄分别在静海团
泊洼，咸宁甘棠乡两干校，相距逾千里。
一日世襄用小邮件寄此帚，谓用爨余竹
根、霜后枯草制成，盖藉以自况。而我珍
之，什袭至今。其意与此集有相通处，故
不妨于扉叶后见之。

2002年10月荃猷记

出版说明

2009 年 11 月 28 日，王世襄先生在北京去世，享年 95 岁。随着王先生的辞世，他的研究及学问，即将成为真正的绝学。为使这些代表中国传统文化的绝学散发出璀璨的光芒，为后人所继承、发展，生活·读书·新知三联书店特推出《王世襄集》，力图全面、系统地展现王氏绝学。

王世襄，号畅安，汉族，祖籍福建福州，1914 年 5 月 25 日生于北京。学者、文物鉴赏家。1938 年获燕京大学文学院学士学位，1941 年获硕士学位。1943 年在四川李庄任中国营造学社助理研究员。1945 年 10 月任南京教育部清理战时文物损失委员会平津区助理代表，在北京、天津追还战时被劫夺的文物。1948 年 5 月由故宫博物院指派，接受洛克菲勒基金会奖金，赴美国、加拿大考察博物馆。1949 年 8 月先后在故宫博物院任古物馆科长及陈列部主任。1953 年 6 月在民族音乐研究所任副研究员。1961 年在中央工艺美术学院讲授《中国家具风格史》。1962 年 10 月任文物博物馆研究所、文物保护科学技术研究所副研究员。1980 年，任文化部文物局古文献研究室研究员。1986 年被国家文物局聘为国家文物鉴定委员会委员。2003 年 12 月 3 日，荷兰王子约翰·佛利苏专程到北京为 89 岁高龄的王世襄先生颁发"克劳斯亲王奖最高荣誉奖"，其中一个重要的原因就是他对明式家具的研究，奠定了该学科的基础，把明式家具推向了至高无上的地位。

王世襄先生学识渊博，对文物研究与鉴定有精深的造诣。他的研究范围广泛，涉及书画、家具、髹漆、竹刻、民间游艺、音乐等多方面。他的研究见解独到、深刻，研究成果惠及海内外。《王世襄集》收入包括《明式家具研究》《髹饰录解说》、《中国古代漆器》、《竹刻艺术》、《说葫芦》、《明代鸽经　清宫鸽谱》、《蟋蟀谱集成》、《中国画论研究》、《锦灰堆：王世襄自选集》（合编本）、《自珍集：俪松居长物志》共十部作品，堪称其各方面研究的代表之作，集中展现了王世襄先生的学问与人生。

其中，《蟋蟀谱集成》初版时为影印，保留了古籍的原貌，但于今日读者阅读或有些许不便。此次收入文集，依王先生之断句，加以现代标点，以利于读者阅读。《竹刻艺术》增补了王先生关于竹刻的文章若干，力图全面展现王先生在竹刻领域的成果和心得。"锦灰堆"系列出版以来，广受读者喜爱，已成为王世襄先生绝学的集大成者；因是不同年代所编，内容杂糅，此次收入《王世襄集》，重新按门类编排，辑为四卷，仍以《锦灰堆：王世襄自选集》为名。启功先生曾言，王世襄先生的每部作品，"一页页，一行行，一字字，无一不是中华民族文化的注脚"。其中风雅，细细品究，当得片刻清娱；其中岁月，慢慢琢磨，读者更可有所会心。

《王世襄集》的编辑工作始于王世襄先生辞世之时。工作历经三载，得到了许多喜爱王世襄先生以及王氏绝学人士的支持和帮助，也得到了王世襄家人的大力协助，并获得国家出版基金的资助，在此谨表真诚谢意。期待《王世襄集》的出版，能将这些代表中华文化并被称为"绝学"的学问保存下来，传承下去。

生活·讀書·新知 三联书店 编辑部

2013 年 6 月

自　序

人或称我收藏家，必起立正襟而对曰："实不敢当！实不敢当！"古代名家，姑置勿论。近现代允称收藏家者，如朱翼庵先生之于碑帖，朱桂辛先生之于丝绣，张伯驹先生之于书画，周叔先生之于古籍，学识之外，更雄于资财。以我之家庭背景、个人经历，实不具备收藏家条件。此集所录，除舅父、先慈所作书画及师友赐赠翰墨文物外，大都掇拾于摊肆，访寻于旧家，人舍我取，微不足道，自难有重器剧迹。在收藏家心目中，不过敝帚耳，而我珍之，岂不正合"敝帚自珍"一语。此吾集题名"自珍"缘由之一。

敝帚可喻物，亦可喻人。自1945年日寇投降后，奔走调查，收回被劫夺重要文物、善本图书两三千件，其中不乏国之重宝，由故宫博物院等机构派员接收保管，当属我一生中最重要工作之一。不意1949年8月自美归来，竟被视同敝帚长达三十年。至于"三反"冤狱，故宫除名，"五七"扣帽，不仅敝帚之不如而直弃同敝屣矣。大凡遭受极不公正待遇者，可能自寻短见，可能铤而走险，罪名同为"自绝于人

民"，故万万不可。我则与荃猷相濡以沫，共同决定坚守自珍。自珍者，更加严于律己，规规矩矩，堂堂正正做人，惟仅此虽可独善其身，却无补于世，终将虚度此生。故更当平心静气，不亢不卑，对一己作客观之剖析，以期发现有何对国家、对人民有益之工作而尚能胜任者，全力以赴，不辞十倍之艰苦、辛劳，达到妥善完成之目的。自信行之十年、二十年、三十年，当可得到世人公正、正确之理解与承认。惟立志如此，却难如人愿，而一再遭受打击、摧残与阻挠。

如1958年《髹饰录解说》脱稿，开始搜集清代匠作则例。蒙朱桂辛先生亲笔致函文物局古建所，将前营造学社所藏抄本则例多种借出，益以北京图书馆、北京大学等处所藏，共70多种。1960年开始汇编工作，至1962年已将漆作、油作、泥金作、佛作、门神作、石作、装修作、铁作、画作、铜作、镞作之条款，从多种则例中辑出缮录，并加编次，准备进一步将各作中之名词、术语提出，一一试作诠释。并以佛作、门神作为试点，但仅写成两作概述而"文

革"开始。则例汇编工作为我带来无数大字报批判及大小会斗争。后果如何，不问可知矣。

又如1969年肺病（"三反"中在牢狱遭感染）复发，且有空洞。医嘱卧床休养，而"军宣队"勒令必须下咸宁干校。劳动中见畦边菜花倒地，犹昂首作花。受其激励，顽强生活，壮志弥坚，竟得康复，幸免葬身云梦之泽。有诗为证：

风雨摧园蔬，根出茎半死。

昂首犹作花，誓结丰硕子！

再如干校后期，生活大有改善。但坐视岁月蹉跎，光阴流逝，不免忧心如焚。亦有诗为证：

春寒兰草秋芝草，朝啖团鱼暮鳜鱼。

日日逍遥无一事，咸宁虽好却愁予！

立志不渝，长期奋斗，北风当有转南之日。1979年有伟人出，力挽狂澜，制定"拨乱反正，改革开放"新国策，对我等实恩同再造。从此多年来写成之稿件，积累之资料，得陆续以本人姓名正式出版。其鼓励鞭策之力，何止万钧！使我等更加废寝忘食，刻苦工作。今日回顾，又何等幸运，自1973年干校返京后，已争取到近三十个春秋，得以出版、再版中文、外文著作约三十种，其中有线图数百幅者，均经荃猷绘制，始得成书。荃猷退休后，亦完成《中国音乐文物大系·北京卷》及刻纸作业《游刃集》，诚不幸之大幸。

自年前整理去而复还之身外长物，编成此集，不禁又有感焉。其中有曾用以说明传统工艺之制作，有曾用以辨正文物之名称，有曾对坐琴案，随手抚弄以赏其妙音，有曾偶出把玩，藉得片刻之清娱。盖皆多年来伴我二人律己自珍者。又因浩劫中目睹辇载而去，当时坦然处之，未尝有动于中。但顿悟人生价值，不在据有事物，而在观察赏析，有所发现，有所会心，使上升成为知识，有助文化研究与发展。此岂不正是多年来坚守自珍，孜孜以求者。吾集题名"自珍"，此为又一缘由。

我年八十，左目失明。去年春夏之交，一病几殆。今已届白香山新乐府新丰折臂翁之年，距证实自然规律之日，为期不远。"人之将死，其言也善。"愚夫妇衷心祝愿，国家富强，人民幸福。真理彻底战胜荒谬，明智永远消灭愚蠢。人人奋发图强，充分发挥所长。中华文明，发扬光大，卓立于世界之林。

二千又二年三月　王世襄

目　录

古琴

古琴

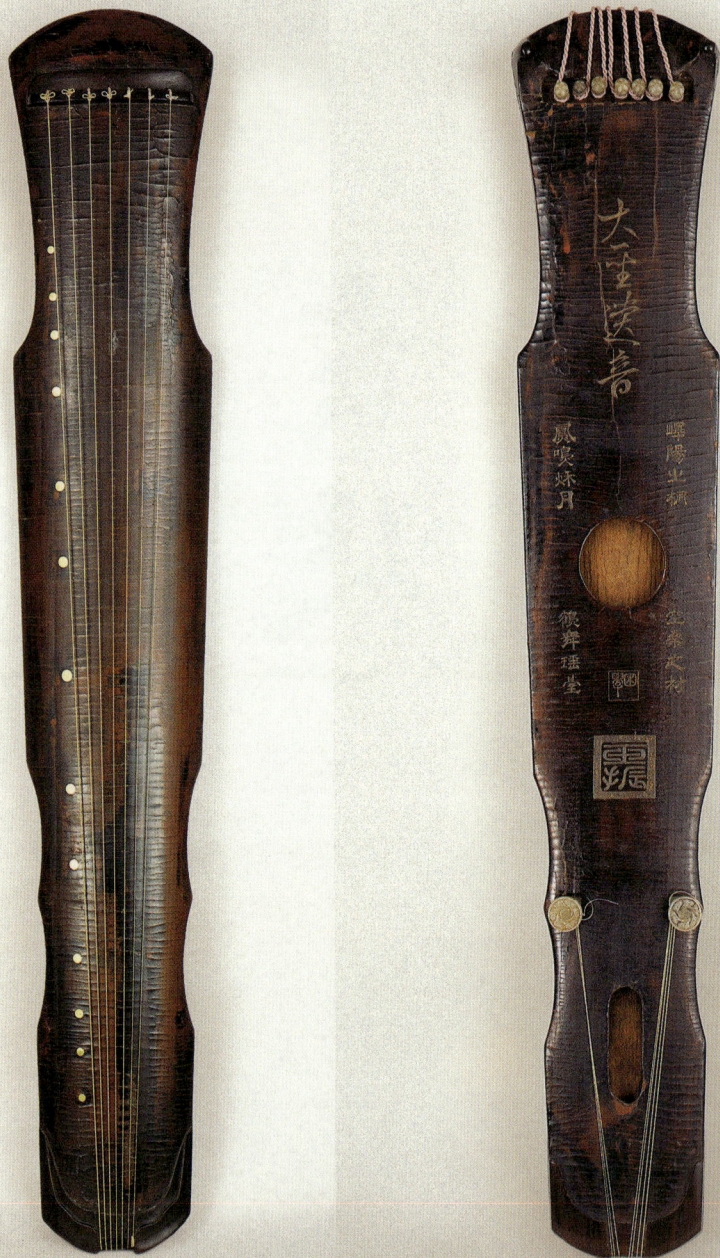

背面局部

典钐易此枯桐　　世襄荃猷鬴书

琴足铜足套铭文

长120.5，额宽20.5，肩宽20.5，尾宽15厘米

　　杨时百先生《藏琴录》龙门寒玉一则称："虞君得鹤鸣九皋与李君伯仁所藏独幽及飞泉，锡君宝臣藏大圣遗音，武英殿陈列所长安元年制者五琴，池下皆有印方二寸'玉振'二字，丝毫不爽。西园主人因大圣遗音'玉振'印上有方印'困学'二字，定为鲜于伯机印，或'玉振'亦鲜于氏印也。独幽旧藏衡阳王船山先生家，为人所得，李君又从其人得之。独幽池内刻太和丁未，大圣遗音刻至德丙申，飞泉外刻贞观二年，皆鸿宝也。"五琴管平湖先生皆目见，且有弹抚经年者。尝谓九德兼备当推大圣遗音。又谓飞泉贞观款乃后刻。是未加轩轾而已有高下之分矣。

　　"大圣遗音"栗壳色，七徽以下弦路露黑色，遍体蛇腹断，中间细断纹，额有冰纹断。圆池，池上刻草书"大圣遗音"四字。池内纳音左右上下四隅分刻隶书"至德丙申"四字年款。是为唐肃宗至德元

年，公元756年。即安禄山叛乱，唐明皇入蜀，李亨即位改元之时，亦即李白附永王李璘事败，将流放夜郎之时。池两侧刻隶书"峄阳之桐，空桑之材，凤鸣秋月，鹤舞瑶台"十六字。池下"困学""玉振"两方印。以上除年款外皆刀刻鎏金。青玉轸足，细镂绦结及旋瓣花纹，当为明琢。沼扁圆形。1947年襄在故宫养心殿南库门后拣出神农式唐琴，不仅草书琴名与此全同，漆色、断纹、池沼、年款亦绝似。池侧四言诗词句虽异，字体位置又复相同。两琴当斫于同时，出于同手，珉中足定为中唐初期宫中所造，可谓标准器。盖内府乐器，每制不止一件也。

　　肃宗元年迄今已将千二百五十载，传世既久，深以足孔四周，漆多剥落，木质亦濒朽蚀为虑。足端虽缠裹织物并嵌塞木片，仍难固定。张弦稍紧，且有扳损琴背之虞。幸平湖先生有安装铜足套之

法，屡次实施，效果均佳。为此特请青铜器修复专家高英先生为制铜套并仿旧染色，老友金禹民先生镌刻八分书题记："世襄荃猷，鬴书典钐，易此枯桐"十二字。又蒙平湖先生调漆灰，稳卧足套于孔内，不仅天衣无缝，且琴音丝毫未损。先生笑曰："又可少放心弹五百年了！"

　　所谓"鬴书典钐，易此枯桐"乃以饰物三件及日本版《唐宋元明名画大观》换得黄金约五两，益以翠戒指三枚。其一最佳，乃先慈所遗，实不知其值几许。当时以为唐琴无价，奉报又安能计值，但求尽力而已。而宝臣先生文孙章君泽川亦慨然同意，盖因荃猷从汪孟舒先生学琴，而孟舒先生乃其祖父多年琴友，故亦未尝计我之报是否相当也。

　　宝臣先生遗琴，1946年孟舒先生携我访章君泽川，求得蕉叶"金声"。越两载，始敢问鼎此唐斫鸿宝。

3

项、腰均两凹夹一凸，轮廓柔婉。额侧又有浅凹。琴谱未见有此式。珉中兄以为与樊伯炎先生所藏宋琴"松石间"意近似，惟此为方额而彼为圆头耳。"松石间"意出清宫，有内府制盒，经蕉叶山房张莲舫送上海售出。杨时伯先生《藏琴录》著录，名为宣和式，今从之。

"梅梢月"宽而长，奇重，黑漆蛇腹断。琴名在池上，径逾寸。池下阴文"青天碧海"、阳文"月珮风环"大方印。以上均填金罩漆。白玉轸足，润洁无瑕。劫后琴还，足在而轸失。欲复旧观，难矣！

琴润透无比，平湖先生尤喜弹之，以为深夜别具妙音。同寓北郊音乐研究所时，此琴常在先生几上也。

"梅梢月"乃黄勉之先生遗琴，后为溥西园贝子侗所有，辗转归张荫农先生。先生得黄门之传，以一曲"七十二滚拂流水"享誉京师。哲嗣万里兄工写意花卉，笔法近陈白阳，亦喜藏画。数次往访，见琴悬画室，无弦久矣，曾萌求让之念而未敢启齿。一日告我宝古斋有谢时臣山水长卷，精极，惜居奇而议值难谐。予径往购之，当时实未知是否许以卷相易也。万里兄旋谂吾意，竟携琴枉驾相赠。不惜琼瑶，易我木桃。高谊隆情，永矢不忘。

长 128，额宽 20.5，肩宽 21，尾宽 15 厘米

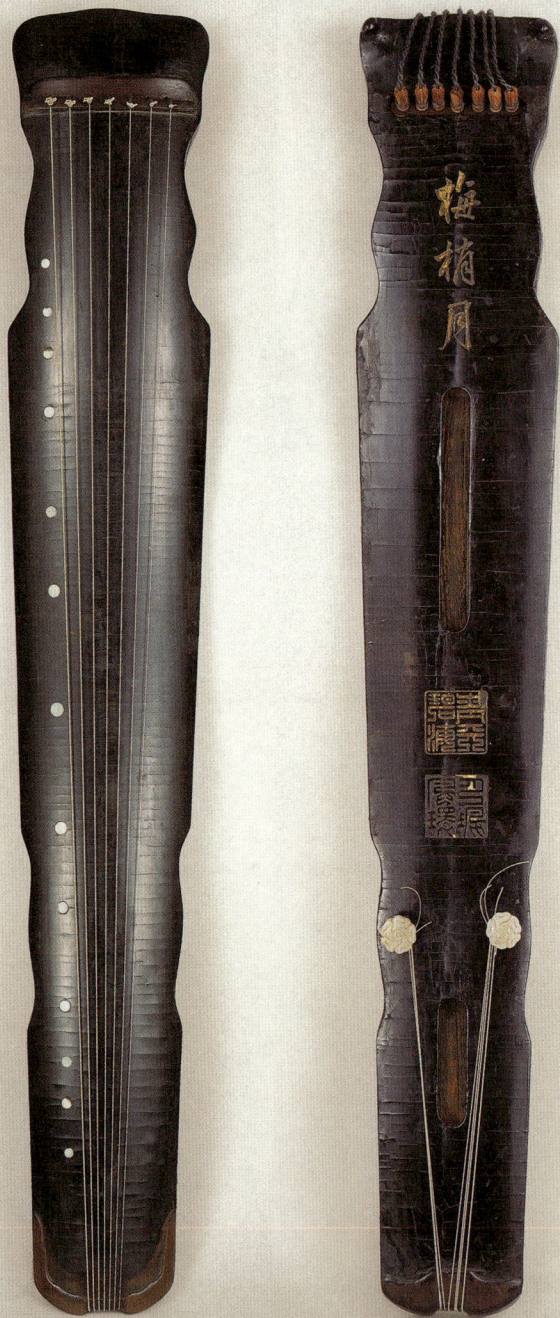

长 122.5，额宽 18.8，肩宽 19.2，
尾宽 14.6 厘米

　　黑漆，琴面蛇腹断美甚，底面
因重修尚未再现。惟尾部二寸许
有补漆灰痕迹而断纹尽在。殆重
修者有意不全漆没，证明琴底并
未更换。

　　池内琴面右侧刻字一行，刀痕
极浅，又曾涂漆，故难辨认。但"朱
晦翁藏"等字尚隐约可见。左侧深
刻"古吴王昆玉重修"七字。

　　珉中兄对此琴十分重视，曾
仔细观看，修磨妆音，多次试弹，
认为沉浑苍古，得未曾有。虽稍有
塌腰，不足为病。承告两事，记录
如下：

　　程子荣先生遗琴唐斫"飞
泉"，今藏故宫博物院，《今虞琴
刊》著录，池内有"王昆玉重修"
墨书款。昆玉为明代斫琴高手。此
琴背面髹漆当在王昆玉破腹重修
之后，已入清。

　　以片状物探琴腹，发现琴墙与
面板、底板之间均有缝隙，故似以
木条作墙，上下与面、底粘合而成。
倘所见不误，可视为此琴之制作特
点。说明倘粘合得法，不仅无碍发
音，且可获得极佳之音响效果。

　　1947 年以微值得此琴于地安
门外万宝兴古玩店。大雅久不作，
当时实无人问津也。

1.4 宋"高山流水"仲尼式琴

黑漆朱髹,蛇腹间流水断。纵横两向均有断纹,故研磨后出现朱漆圆斑,宛似鳞片,绚丽而有古趣。池上刻草书"高山流水"四字。1947年经安溪亭介绍,购自秦老胡同曾家。

琴音松透浑厚,静而不嚣。"文革"之厄幸得归还,但背面已开裂,乃野蛮装卸所致。蒙吴景略先生精心修复,数月始蒇事,伤痕尽泯,元音如初,感荷无涘。琴坛巨擘,不仅使古谱重生,且能为古琴续命也。

长122.5,额宽19.8,肩宽20,尾宽16厘米

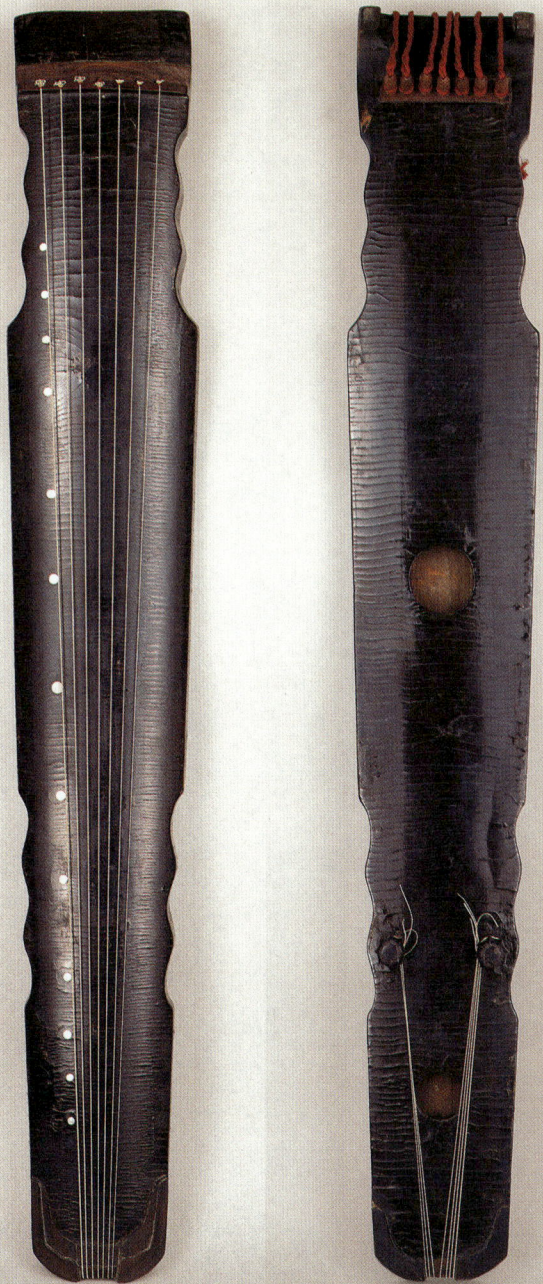

长 122.5，额宽 17.5，
肩宽 19.4，尾宽 13.6 厘米

　　琴颇宽，黑色，断纹甚美，通
体蛇腹间流水。池沼皆圆，木质亦
古。面稍扁，当为南宋时斫。

　　1948 年得琴于隆福寺文奎堂
旧书店。张弦试弹，虽有疚音，而
声韵松长，不同凡响。惜额下底板
损二寸许，徽亦脱落殆尽。烦蕉叶
山房主人张莲舫修补，不意琴完整
而音顿失，大为懊丧。悬壁数载，
1954 年夏始再抚弄，音韵居然恢复
近半。此后人祸频仍，琴亦无暇忆
及。"文革"后发还查抄文物，始知
尚在。1999 年再为配轸张弦，散、
泛、实音，均已恢复如初，为之狂
喜。计距得琴之日已五十一年矣。

1.6 元朱致远斲"金声玉振"仲尼式琴

黑漆，桐材，蛇腹断，七、八徽间露鹿角霜屑，灿若繁星。池内面板右侧刻"赤城朱致远制"六字。池下阴文"琴隐园"大方印。沼上"延陵汤氏宝藏"楷书六字。额上刻"汤贞愍公遗琴，同治庚午重九前四日濑江宋晋拜题"。贞愍公为名画家汤雨生先生，名贻汾，咸丰癸丑太平天国克金陵，先生阖家殉国，有《琴隐园集》。宋晋，溧阳人，字锡蕃，号雪帆，道光进士，官至户部左侍郎，有《水流云在诗集》。

民国初年，关仲航先生得此琴，雄宏灵透，京师操缦家所藏，无出其右。1946年襄求让，竟蒙许可，喜出望外。1948年赴美国、加拿大参观博物馆，随我同游即此琴也。

长126，额宽18，肩宽20，尾宽14.5厘米

汤贞愍公遗琴　同治庚午重九前四日濑江宋晋拜题

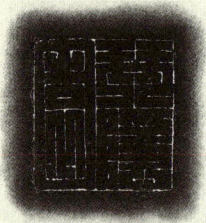

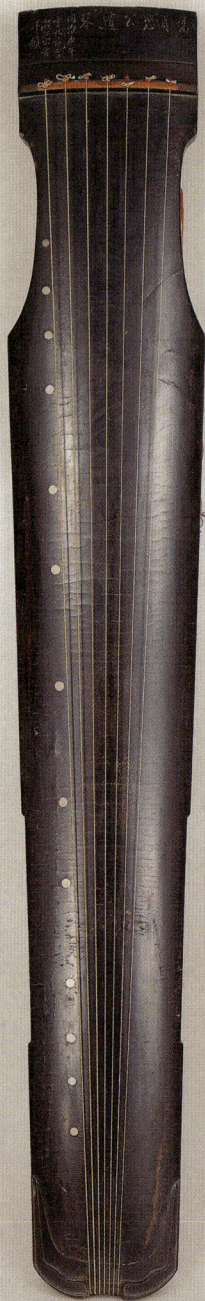

琴隐园

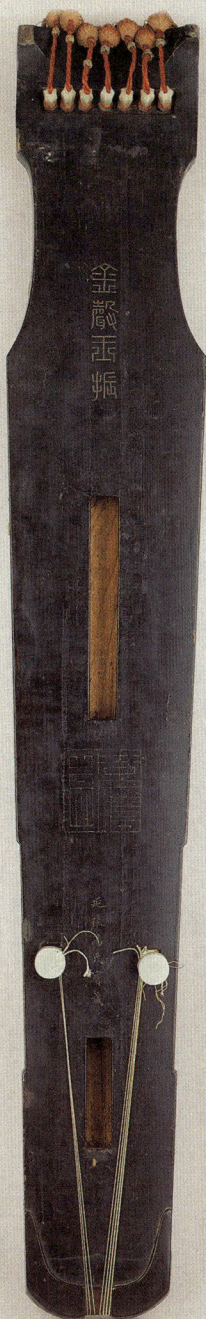

金声玉振

延陵汤氏宝藏

1.7 明"金声"蕉叶式琴

"平生所见蕉叶琴,以此为第一。"此管平湖先生对"金声"之评价,先生以为蕉叶式始于明初,"金声"据其漆地木质,当斫于此时。造型秀俊而不纤巧,宽、长侔常琴,面亦隆而不坦。断纹流畅自然,似欲浮动,抚不碍指。弦音三停匀称,清亮坚宏,兼而有之,弹者每爱不忍释。综其胜为:时代早,形制美,断纹古,音韵佳,堪称四绝。不仅为蕉叶所绝无,他式明琴千百亦难逢一二。先生评价,诚不虚也。

琴黑色,一二三弦下,一二徽前后及额端有朱漆斑,绚若明霞。断纹小蛇腹间流水,额及池上有梅花断。"金声"两字隶书填金罩漆。池下篆书"大雅堂"阳文方印。据此,或以为乃赵子昂遗琴。惟无旁证,未敢遽信。从池、沼窥面板,龟背纹格显著。谛视乃刀刻格纹而非百衲斗合痕迹。若果为真百衲,决不可能有此妙音。百衲由小方木材粘合,共鸣遭阻隔,故无佳者。牙轸玉足均完好,金徽则久已被剜去矣。

"金声"主人为民初名琴家锡宝臣先生,以家藏唐琴"大圣遗音"闻于世。1946年春,宝臣先生文孙章君泽川在西单商场设书肆,求人询知家传古琴尚在,蒙汪孟舒丈携我访其家,慨然以"金声"见与。孟舒丈乃其祖父多年琴友也。

长124.5,额宽19,肩宽19,尾宽15厘米

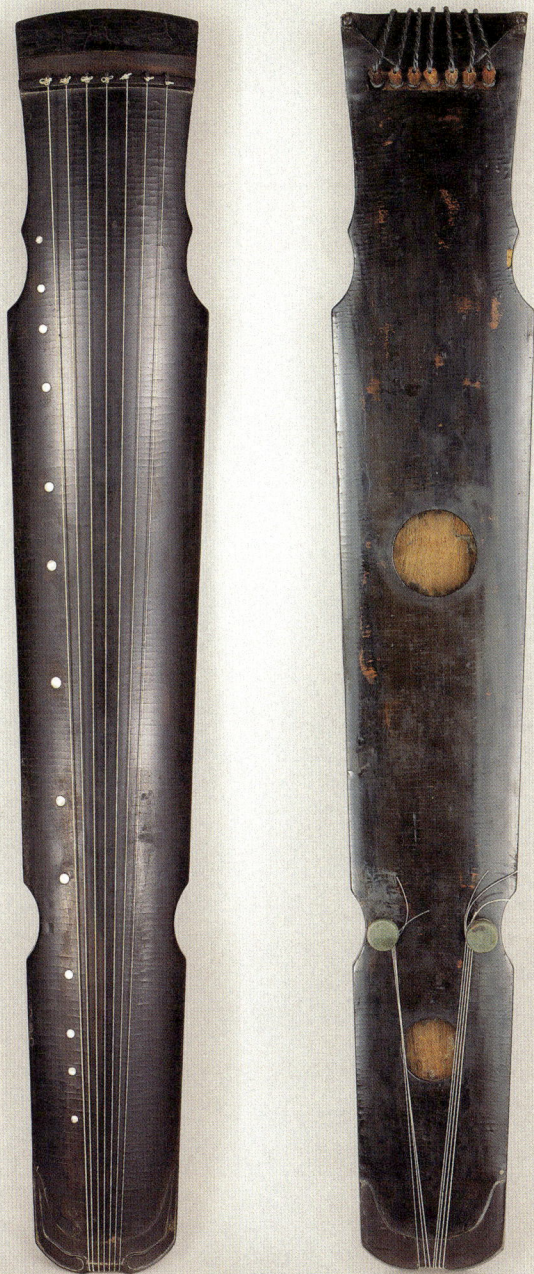

长121，额宽19.5，肩宽20，尾宽14厘米

珉中兄称此琴造型为凤嗉式，乃自伏羲式变出。黑色，面高而圆，背面池上下有朱色斑。圆池圆沼，漆质坚实，流水断细而生动。管平湖先生认为造琴年代在元末明初之际。

琴原为红豆馆主溥侗贝子物，后为白云观道士安世霖所得。安即因道士内讧被焚致死者。常人春有文记其事甚详，见北京市政协《文史资料选编》第39辑。琴辗转归关仲航先生，1947年蒙惠赠，谓不妨以之媵"金声玉振"也。

顾太清三方印章刻痕被
漆灰填平而篆文历历可见

长116. 额宽16.5. 肩宽19. 尾宽13厘米

黑色，正面大蛇腹断，背面同，但斜行。殆琴底取材不正之故。池内两侧各刻楷书一行："天启元年春"，"钱塘郑方斫"。

池上"清梵"两字篆书，池下"乾坤清气"圆印，"集庆贻珍"方印，均填漆髹金。池右刻印三方，已用漆灰填平，印文尚可辨认。自上而下为：长方印篆文八字，有一字已无痕迹，但知为"用志不分，乃凝于神"，语出《庄子·达生》；"天游阁"，阳文方印；"泰清"，阴文方印。据后二印知为顾太清遗琴。池左刻铭文两行，款识一行，均隶书："勿贵知音，勿尚识趣。悟到忘音，乃通音具。逐情者谁，千古一遇。丘野求为庶先开士题。"下"野求"、"叔真"两印。铭文刻后字口未填漆髹金，时代在顾太清之后。铭文故作玄虚，似高古而实空泛，且不知有旷代女诗人顾太清，盖出附庸风雅者之手也。

铜炉

2.1 四龙海水纹三足炉

炉身如盆。口下一周平列旋纹，回卷处有珠，以像浪涛。海水为地，突起四龙，前瞻与回顾者相间。底匝垂三瓣纹饰，以环束之，似幔帐璎珞。三棱戈足，焊底上。口与足端无锈处，露红铜质色。

造型与明铜炉迥异。范铸不精而龙形古朴，非明代所能有，当为宋元时物，炉中别品也。1953年10月购自真赏斋。

高7.5，口径13厘米。
重1095克

2.2 "大明宣德年制"蚰耳圈足炉

大明宣德年制

口高7.2，口径11.8厘米。重1989克

1950年2月15日购自地安门大街俊福祥。六字篆书款，造型凝重，色正而莹洁，远胜常见宣德款炉。"文革"中抄去，因置卑湿处，归还时已生锈斑。炭火保养，恐十年亦难复旧观矣。

2.3 "大明宣德年制"冲天耳三足炉

楷书六字款，极重压手。色深熠熠有光，内底有二小钻坑，径约三毫米，深约二毫米。盖有安人取样，验是否含金。邵茗生《宣炉汇释》所谓"凿底厄"是也。

1950年初，襄自美国参观博物馆归来方数月，李卿丈（赵沆年先生）选藏炉十具见赐，谨以节约旅美奖学金所得为寿。拜领时，叮咛再三："各炉乃多年性情所寄，皆铭心之物，幸善护持勿失。""文革"劫后，十炉尚存其九，差可告慰于吾丈矣。

通耳高8.9，口高7.2，口径14厘米。
重2106克

赵李卿先生小像

先生及夫人庄岱云乃烈属。二女一子均是共产党员。子及次女在抗日战争中牺牲。二老曾遭日寇拷打折磨，坚贞不屈，令人敬仰。

大明宣德年制

高 9.9，口径 22.2 厘米。重 7460 克

李卿丈所赐十炉，皆其铭心之物，而对此鬲更视为重器。造型之硕大浑厚，色质之静穆精纯，诚属仅见。紫檀整挖炉座，明制，材美工良，包浆润泽，亦弥足珍贵。

玉堂款炉，传世颇多，品格高下，大有差异，定有真伪之别。其真者何人所造，尚待考。邵茗生《宣炉汇释》谓铸者为严分宜，未能提出确证，难置信。

予藏炉四十多具，均有檀、梨木座。十年浩劫，全部被抄。发还时炉失约三之一，炉座竟无存者，惟此鬲明紫檀座无恙，亦云幸矣。今之炉座，皆友好于潘家园代为觅得，勉强配合，宜其无一相适也。

玉堂清玩

16

赵李卿先生夫人庄岱云小像

高 7.3，口径 10.8 厘米。重 1741 克

色近棠梨，莹澈闪金光，而大半为黑漆古遮掩，淡处如雾翳，浓处如墨泼。静中晤对，忽欲浮动，恍若陈所翁画卷，弥漫中将有神龙出没。李卿丈藏戟耳炉，不下二三十座，此为第一，常置夫人案头，朝夕爇香饼。

民初李卿丈即卜居芳嘉园，去吾家仅数十步。后移居八大人胡同，相隔只一巷。儿时常携鸽至丈家门首放飞，入秋更捧蟋蟀盆求教。丈固酷爱秋虫而又精于此道者。赵伯母每每抚我头，给果饵。移居后，仍往请益，评蟋蟀外兼及铜炉矣。

北京沦陷时，李卿丈为居家所需，不得不让炉于庞敦敏。此后每道及，犹眷眷难忘。1951 年，予自庞家购得十余具，喜携其二三驰告。时二老均在病中，丈喘咳尤剧，持炉把玩，如见故人，而力有不胜。濒行，赵伯母忽取案头此炉相授，曰："你拿去摆在一起吧。"此情此景，倍感凄恻，竟嗒然久之，不知言谢。又一年而丈归道山矣。

玉堂清玩

同炉

2.6 "玉堂清玩" 天鸡炉

紫褐色，遍体铄金点。两耳铸而后刻，刀法极精。炉造型及耳与《宣炉汇释·释见闻》中邵氏万松兰亭斋所藏两节式素天鸡彝颇相似，只此件并非由两节合成而已。据历年所见，凡相类之炉，私家款者多优于宣德款者，文饰简者多优于文饰繁者。其所以然，为铜炉值得研究问题之一。惜《汇释》中之图为单色版且模糊不清，未能据以分辨两炉品质高下。

1950年李卿丈赐炉之一。

高7.3，口径9.7厘米。重1095克

玉堂清玩

2.7 "玉堂清玩" 蚰耳圈足炉

炉经多年火养，精光内含。款亦整饬可喜。1951年5月购自大烟筒胡同何玉堂家。何好饮酒，性诙谐，不论长幼，常与谑笑。人或称之曰"何山药"，遂无人更呼其名。经营瓷器杂项，颇有眼力，鉴别清官瓷尤精。故宫收购之乾隆彩绘白燕双耳尊成对，即由何售出。

高6，口径10.5厘米。重1279克

玉堂清玩

2.8 "明甫清玩"缶炉

形似盉，圈足。《尔雅·释器》：
"盎谓之缶。"郭璞注："盆也。"颜
师古注："盆也。"今因炉形似盆，
姑名之曰"缶炉"。

炉黑中泛紫，宋代无文漆器每
呈此色。

1950年李卿丈所赐十炉之一。

高4.6，口径10厘米。重1030克

明甫清玩

2.9 "澹庵"冲天耳三足炉

古人号澹庵,据年代、行实,可能此炉主人者为庄同生。同生字玉骢,武进人,顺治四年进士。画传称其工诗、古文辞,善书画,著《澹庵集》、《漆园印型》十六册等。惟藏炉、造炉尚无旁证,以上不过臆测而已。

李卿丈旧藏,1951年2月28日购自庞敦敏。

通耳高6,口高4.6,口径8.5厘米。重671克

澹庵

同庐

2.10 "在公家藏" 鬲炉

腹部凸出多于一般鬲炉,造型
自具一格。浅茶色,亦较难得。
50年代陶心如先生见让。

高 6.8. 口径 14 厘米。重 1740 克

在公家藏

2.11 "室生"冲天耳三足炉

　　小而重，腹矮扁。底部隐隐见渗金点。近一足处有绿色碎斑，苍翠可爱，与恶锈大异。

　　"室生"可能为藏者别名。亦得理解为将炉人物化，称之为同室之生，有如"琴书侣"或"琴友"也。

　　1950 年李卿丈所赐十炉之一。

通耳高 6。口高 4.8。口径 8 厘米。重 581 克

室生

2.12 "湛氏之炉"马槽炉

炉奇重，渗金散若云霞，瑷瑍多奇姿。湛氏名人不多，其为甘泉先生湛若水之炉欤?

1950年李卿丈所赐十炉之一。

高7.2. 口径10.6×8.5厘米。重1743克

湛氏之炉

2.13 "爇名香兮读楚辞"冲天耳三足炉

通耳高7.5、口高5.5、口径10.4厘米。
重881克

铜炉款识，或用年号，或用室名，或用姓氏，或用别名，皆常见。而此以炉所予人之情趣为款识，文如闲章，旷逸可喜，实少有。读离骚亦曾以此炉焚香，一缕缭绕，有助遐想。

炉为李卿丈旧藏，1951年2月28日购自庞敦敏。

爇名香兮读楚辞

高 4.7，口径 10 厘米。
重 832 克

　　色如经霜之橘。表面不平，扪摸可觉，亦若柑橘皮。与《宣炉注》所谓"橘皮纹俗名橘皮色，……迹如鸡皮而拂之无迹，摩之实平"大异。炉原以润泽见胜，此则一反其旨。天然淳朴，别有奇趣。

　　1950 年李卿丈所赐十炉之一。

完初家藏

2.15 "莫臣氏"冲天耳三足炉

"莫臣",不论其为姓名或别号,皆有不食周粟之意。采薇首阳者固代有其人也。

李卿丈旧藏,1951年2月28日购自庞敦敏。

通耳高8.6,口高6.4,口径11.6厘米。
重1281克

莫臣氏

2.16 "献贤氏藏"戟耳炉

高6.2，口径8.9厘米。重1374克

　　"献贤"恰好与"莫臣"之意相反。同为炉款识，又同为李卿丈所得，可谓巧合。

　　1950 年李卿丈所赐十炉之一。

献贤氏藏

2.17 "弟子刘起龙造" 冲天耳三足炉

通身黑漆古，仅口际稍露铜色，款识不甚工整，与嘉靖间刻本字体有相似处。据此断代，或不致大误。

1953年7月18日陈畅清夫人见让。

通耳高 7.5，口高 5.8，口径 11.7厘米。
重 1245克

弟子刘起龙造

2.18 "奕文氏" 蚰耳圈足炉

款识首字待释。上"赤"下"大"，但字书无"奕"字。如释为"奕"，其上半分明为"赤"而非"亦"。或谓赤从火从大，赤下有大仍为"赤"。若然，则为"赤文氏"之炉矣。

李卿丈旧藏，1951年2月28日购自庞敦敏。

高6，口径11.5厘米。重1703克

奕文氏

2.19 "琴友"蚰耳圈足炉

1947年冬于海王村古董店架上见之，遍身泥垢。时荃猷正从平湖先生学琴，喜炉款识而购之。依李卿丈法，用杏干水煮之数沸，翌晨取出，泥垢尽失，灿然如新。置洋炉子（北京当年一般家庭取暖用铁炉。平顶，侧面开门）顶面蒸之，一夜而得佳色，且肌理光润生辉。此为平生用速成法烧成之第一炉。受奇迹鼓舞，收炉渐多，有数烧而成者，有久烧而收效甚微者，有愈烧愈枯槁，弃之而后快者。成少败多，十不得一二。后读吴雪峰《烧炉新语》，开章明义，谓烧炉之前，须先学辨炉，有可烧者，有不可烧者，主要在看清铜质。诚不刊之论也。见附录一《漫话铜炉》。

高5.6，口径9.3厘米。重864克

琴友

傅汝循，字孟博，苏州人。崇祯初官济南通判。《吴县志》称其书摹晋唐宋诸家，俱有法。此炉或其所藏欤？

李卿丈旧藏，1951年2月28日购自庞敦敏。

高7.3，口径10.7厘米。重1655克

孟博氏

2.21 "李曲江制"鬲炉

鬲炉束腰有平者,有上下起线者。此具为起线之例。于此可悟明式家具束腰亦有繁简之别,器物文饰多相通也。

李卿丈旧藏。1951年2月28日购自庞敦敏。

高6.5,口径13.4厘米。重1869克

李曲江制

2.22 "肩溪珍玩"蚰耳三足炉

款识首字如释为"肩",其下半分明为"月"而非"目"。如释其上半为"巴",亦难与下半合成为"肥"。究为何字,待考。或谓明人篆书,每不规范,其或然钦?

1950年李卿丈所赐十炉之一。

高6.1,口径10.2厘米。重1153克

肩溪珍玩

2.23 "思山"桥耳三足炉

思山

通耳高 5.7, 口高 4.8, 口径 7.7 厘米。
重 508 克

　　黑中泛深紫。底部大片绿斑，
有浓有淡。足旁嫩绿点，如初生苔
藓，跳突石上。注视既久，竟忘其
为静止。

　　1953 年天津藏炉家吴颂平先
生枉顾舍间，对拙藏颇多称许，而
独赏此炉。此后曾以无缘获见吴氏
藏炉为憾，意必有绝精者。后读孙
会元《"宣炉之王"谈宣炉》一文（载
《收藏家》1993 年 2 期），详述所谓
"双龙捧款宣德炉"，谓吴氏以此为
所藏之冠。未知可信否？若然，则
吴氏鉴赏似囿于旧说而未能有所突
破也。

　　李卿丈旧藏，1951 年 8 月 14 日
购自庞敦敏。

铜炉

2.24 "深柳书堂"冲天耳三足炉

查以"深柳读书堂"为室名者不下四五人。以"深柳书堂"为室名者有嘉道时人王植，时代太晚。制此炉者当于明人中求之。

李卿丈旧藏。1951年2月28日购自庞敦敏。

通耳高9.8，口高7.5，口径15.5厘米。重2231克

深柳书堂

2.25 "崇祯壬午冬月青来监造"冲天耳金片三足炉

金片甚厚，指扣可觉。壬午为崇祯十五年，公元1642年。青来待考。

赵汝珍先生寄居积水潭东侧余家祠，傍湖筑鸽舍，招予观赏所畜品种，谈笑甚欢。濒行，以此炉相赠。次日以短嘴斑点拃灰一双为报，时为1951年3月31日。

汝珍先生即《古玩指南》作者，所记皆古玩行知识。与谈鸽，多契合，评论文玩古物每相左。

通耳高10.3，口高8，口径12厘米。
重1951克

崇祯壬午冬月青来监造

2.26 "大清顺治辛丑邺中比丘超格虔造供佛"冲天耳三足炉

北京沦陷期间，李卿丈为易薪米，经陈剑秋介绍，以百十具炉让与伪卫生局局长庞敦敏。交接后，精品数器，陈以所藏易去，其中有此炉。

1951年襄购得庞炉十余具，驰报李卿丈。丈在病中，喘甚剧，犹倚枕告曰："最佳之炉，不在庞家而在陈处。如顺治比丘造者，可谓绝无仅有，视明炉尤为可贵。倘能得之，当为尔庆，勿忘持来再把玩也。"

经探询，陈已逝世。蒙其婿之老仆见告，遗炉均为其四子妇所有，已有若干具售与美国人。予心惴惴，不知此炉尚在否。追于汪芝麻胡同陈家目见此炉，心始少安，几经议价，始许携归。供之案头，果为寒斋生色。惟李卿丈已归道山，恨不得携供一摩挲也。

通耳高8.5，口高6.4，口径9.6厘米。
重1754克

大清顺治辛丑邺中比丘超格虔造供佛

2.27 "大清康熙年制燕台施氏精造"马槽炉

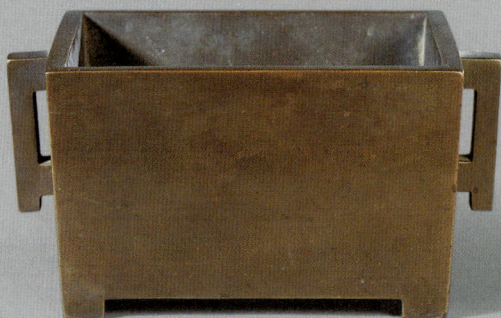

《帝京景物略》谓宣炉之后"有北铸,嘉靖初之学道,近之施家。……有南铸,苏(州)蔡家,南(京)甘家"。沈子《宣炉小志》又有"施家过厚,甘家过薄"之说。此炉极厚重。"燕台"知为北铸。"精造"知为铸家款识。"康熙年制"计时在《景物略》刊行后数十年。盖施家业此者不止一代。综上所述,此炉亦可视为标准施炉。

李卿丈旧藏,1951年2月28日购自庞敦敏。

高8.6。口径14×10.4厘米。重3003克

大清康熙年制燕台施氏精造

李卿丈旧藏，小而扁，腹外凸几成锐角，予人劲峭感。色泽亦佳，惟铸款欠整饬。丈言乾隆炉极少，小而精者仅见此一件。1953年7月12日庞敦敏出示，亟购之。

高3.4，口径7.2厘米。重284克

大清乾隆年制

2.29 "道光丁未秋定府行有恒堂造" 冲天耳三足炉

造型谨严合法度，款字亦工整。色深黄，隐隐泛金星。丁未为道光二十七年，公元 1847 年。

行有恒堂为清宗室载铨室名。载铨，弘历四代孙，道光十六年袭定郡王，咸丰四年（1854 年）卒。平生耽好文玩陈设，传世器物，皆典雅可喜，盖为精鉴赏、工设计之艺术家，贵胄中实罕有。琉璃厂估每在旧工艺品端加定府伪款，以求善价，蕉叶山房尤优为之。但此炉必真无疑，民初以来，炉值不高，晚清制者，更无人问津，何劳作伪？

通耳高 8.1，口高 6，口径 11.8 厘米。
重 913 克

道光丁未秋定府行有恒堂造

铜炉

42

2.30 "奕世流芳" 冲天耳三足炉

炉内底有"工部臣吴邦佐监造","乾字第贰号"长方印记。50年代中期于琉璃厂东门估者家见之，以为造型厚重，似与曾见宣德款炉及有吴邦佐戳记者有别而购之。后出示傅大卣先生，谓系后仿，语气肯定，且似言犹未尽，而先生固久居厂肆，深知估人底蕴者。此后端详此炉，觉其两耳臃肿，款识亦可疑，铜色偏黄，似曾染色，傅老所言当不误。惟念宣炉有疑问者甚多，倘有赝品供研究亦佳，故未弃之。

通耳高 9.6. 口高 6.8. 口径 13.2 厘米。
重 1648 克

工部臣吴邦佐监造　　乾字第贰号

奕世流芳

43

燒爐新語

烟波釣徒吳融峰子著

海昌許惟校鐵川 白平劉　贊栁梅

錢塘袁　校簡齋　昆陵庠^生公城東圃　校訂

爐說

燕閒清賞之供雅尚不同藝爐焚香亦其一

銅爐

清吳融撰《烧炉新语》书影

1958 年据北京图书馆藏乾隆刊本晒蓝复制

（原书已收入《锦灰二堆》附录）

雕刻

雕
刻

通高53.5，座28.5×17厘米

石黄色，有座及背光。佛右手作无畏印，左手垂膝上，面部略有伤残而无损其庄严。座右侧面刻铭文如下：

大魏之世，健（建）仪（义）元年，岁在戊申七月丙辰朔十四日己巳，檀越主盈逮（荡逆）将军马、户尉常申庆，共妘女邑子仵（五）拾人等，造玉石像一躯，高二尺仵（五），上为皇帝陛下，中为厮（所）亡父母，下为妻子眷属，复为一切众生，……

左侧面及背面刻供养人姓名，从略。

按建义元年为北魏孝庄帝元年，公元528年。

石像乃朱伯母所赐（翼庵先生夫人，季黄兄之母）。

朱、王两家有通家之好。先慈与朱太夫人均擅诗词绘事，有唱和之乐。先慈弃养，方逾中年，而朱伯母享高寿。每趋请安，必言尔母逝世过早，深以痛失老友为憾。

1959年某日于地安门古玩店得佛像，顺道至炒豆胡同季黄兄家，为朱伯母所见。问曰："哪儿来的佛像？"对曰："近来想研究佛教艺术，所以收集佛像。"朱伯母曰："好。"遂以此石像见赐。

47

3.2 唐石雕菩萨头

高8厘米

石雕头可能取自胁像迦叶。刀法简练有力。重要部位如双眉、额上皱纹、口唇等，线条遒劲快利，似未加思考，一凿而就。刻者有高度自信心，娴熟而准确的双手，故能毫不费力而将悲天悯人之心刻画出来，并达到完美程度。

此石雕头原为许以栗先生物，其家在北城永康胡同，藏佛像颇多，曾数次邀襄往观。予独喜此小件，1950年12月5日以银元若干枚易归。

3.3 唐鎏金铜佛坐像

高8.3厘米

衣裙手势，如常见坐佛。容貌却似中年信士，肃穆虔诚，冲和怡悦。造像者似有意或无意融人相于佛相，堪称人天合一。

1950年经烟袋斜街太古斋主人介绍，购得此像。

3.4 五代青铜佛坐像

此像饶唐风，但不尽相同，又早于宋，故定为五代。身躯健硕，面容开朗庄严。披右袒袈裟，作转法轮印，跏趺坐大莲座上。造型尺寸，与美国纽约大都会美术馆所藏，尊为像中瑰宝之唐鎏金铜佛（见台北故宫博物院编印《海外遗珍·佛像》续105）颇多似处。对比所见，此像手指及两耳均有伤损，未免可惜。面容则各有千秋，实难轩轾。至于衣纹襞积，随身起伏，流畅生动却此胜于彼，且具有十分浓郁之犍陀罗风格，发髻亦然。论其艺术价值自不能以是否鎏金而分高下。莲座下残，像背有隆起处，当有背光，已散失。

1996年赴津参观文物商店库房。广室两间，室中及沿墙排列五层木架多具，佛像大大小小，一一相挨，密如栉比，不下五六千件。蒙许可，上缘梯，下匍地，尽一日之力遍观之，并选其中八尊。中有明鎏金铜雪山像，靳不与。因远不及我所有者（见3.17），故不介意，挟七尊回京。

高17.5厘米

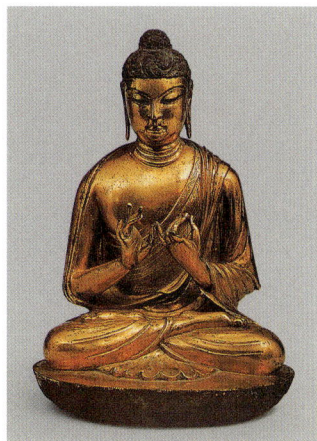

唐鎏金铜佛　美国纽约大都会美术馆藏

3.5 宋铜大日如来坐像

像身披袈裟，头耸高髻，与敦煌384窟唐供养菩萨所绾颇相似。面部及手足铜色深黄，此外全呈绿色，当因所含金属不同而有色泽之异。衣褶在不同部位用不同手法处理。股膝之间，线条圆婉而饱满，继承唐代规矱；肘臂部分，又采用平面间凹面表现方法。但二者非常调和，同样予人自然简练感觉。佛面部相当丰满，有唐代遗风。长眉高高挑起，斜入鬓角，双眸凝视，容貌严肃，使人感到并非冥心内敛，而是冷静、积极、观察、思考外界之形形色色。嘴唇闭拢，口角低凹，又显示具坚定信心去完成宏大心愿。

佛像手印所示，乃大日如来像。《一切时处念诵成佛仪轨》称："智拳印者，所谓中、小、名之三指握拇指。柱头指大背，金刚拳乃成。右拳握左头指一节，面当于心，是名智拳印。"大日如来，又名毗卢遮那。《造像量度经》称毗卢大智印："以左手作拳，巨指尖平入右拳内握之，起立当心。"此像手印与上述两种经典规定相同，只以左手握右手大指而不以右手握左手大指。智印拳两手是否可以更替握指，待考。

50年代得此像于隆福寺内古玩摊，为之欣喜多日，至今仍为拙藏之上佳者。

高20.2厘米

3.6 宋铜佛坐像

与3.3唐鎏金佛坐像姿态相似
而差异显著。头颅丰硕，螺髻密布，
闭目沉思，法相庄严。见像如见佛，
绝无世人相，与前者之不同在此。

高11.8厘米

3.7 宋鎏金铜僧人像

长面大耳，眉目模糊，而神情
肃穆。袖手垂肩跏趺坐，露一足尖，
似未着履，当为僧人参禅像。虽高
仅寸许而颇具个性，不得以一般小
造像目之。

1991年游平遥，购自村中之淘
古物者。

高4.8厘米

3.8 辽鎏金铜佛坐像

　　眉目锈蚀已不甚清晰。衣褶因双手高举，均贴身上。虽仅有直纹数道，却流畅有致。

　　莲台由双层花瓣组成，下有壶门台基，辽代造像颇常见。审其手势，乃中与无名两指拳屈相挨，小指互勾，食指伸直抵头顶，不知所结为何印。当年于冷摊购此像，并不以为制者在艺术上有特殊造诣，只感到手印值得研究。多年以来竟未见形象与此相同者。直至1996年，在天津文物商店楼上见铜像大如真人，残存上半身，手印亦如此。惟仍无人能告我佛名及印名。

3.9 辽铜观音坐像

高 12.3 厘米

　　跏趺坐大莲座上。两臂与身躯分铸，故易脱落散失，头上冠饰亦残缺，甚可惜。眉目婉好，衣裙璎珞皆精美。伤残并不能损其艺术价值。

3.10 辽铜八臂观音坐像

八臂仅当胸两手结印，余各有所持，因多伤损，已难辨所持为何物。

眉目高挑，斜侵两鬓，故有忿怒强悍之相，而无慈悲祥和之容。此似为密教观音像所仅有。

高9.5厘米

3.11 辽青铜观音坐像

辽青铜观音菩萨像
荷兰阿姆斯特丹国立博物馆藏

观音半跏趺坐莲座上，左足下垂，承以莲花。此像造型、尺寸、制作及年代与荷兰阿姆斯特丹国立博物馆所藏一件（见台北故宫博物院编印《海外遗珍·佛像》146）相似。惟面容美好，手势自然，衣褶生动，均有过之而无不及。

高15厘米

高23厘米　　　　　高24.5厘米

　　面丰满，眉目修长，神情恬静。头微前俯，似在聆听众生祈祷倾诉。指若柔荑，手势美婉。胸露项环，缀以璎珞。长裙束带，挽结下垂。外御佛衣，襞积明快，直落至足底莲座，与新田彭氏所藏元鎏金铜阿弥陀佛立像（见台北故宫博物院编印《金铜佛造像特展图录》图版109)颇相似。像原有背光，已散失。

　　1996年从天津文物商店所得七尊之一。

　　童子着圆领袍，束带穿靴。装束与四川华阳保和乡元墓出土男仆俑（见《考古通讯》1957年3期)有相似处，故定为元制。

　　身躯微微向前欠仄，拱手立长方形平座上。据其姿态，可能原为一组铜像中之侍像。袍上曾髹金漆，座朱漆，皆脱落殆尽，全呈黑色。

　　童子年约十五六，自头顶正中发分左右，挽成双髻垂肩上。面貌饱满开朗，神情憨稚纯朴，作者将一不知忧虑、天真无邪之童子塑造得十分成功，耐看而有感染力。位置案头，不时引人移目相对。

　　忆50年代某日访何玉堂家，出示此像，两手急转作挽髻状，随即握拳贴耳后，以状垂髻，效童子憨笑，证其天真可爱。是时吾觉何亦颇可爱，渠实无时不在醉中也。

雅刻

3.14 明铜真武大帝坐像

明代信奉道教，成祖朱棣（永乐帝）封真武为"北极镇天真武玄天上帝"，建庙全国，故传世真武像甚夥。惟造像精美，容貌壮伟，内涵英武之气如此者，绝少。甲胄鲜明犀利，袍服衣褶自然，边缘錾凿细致。龙纹怒鬣长喙，更具明代早期风格。

60年代初购自隆福寺古玩摊。

高23厘米

3.15 明鎏金铜观音坐像

观音坐石上，一足跏趺，一足下垂，腰肢纤细，面相华妍。左右衣带，绕臂几经转折，又从身下翻出，飘然欲动。手指如兰吐蕊，尤引人注目。作者盖借神圣之观音，表现人间之美好女性。

此像使人念及晚唐两宋大如真人之木雕菩萨像。因时代早，体积大，风神气度，非晚期小型造像所能及。但不难看出其间继承、嬗变之迹，因其确实保存前朝较多优美特征。

观音本身以外铜质呈本色，对比之下，更加突现金身之光明庄严。左侧原有佛经一函，右下角有合掌童子，均已散失。

50 年代购自东安市场内丹桂商场路西古玩店。

高 33.5 厘米

3.16 明金髹木雕雪山大士像

高 34 厘米

　　佛典称释尊在过去世修菩萨道时，于雪山苦行，绝形深涧，不涉人间，谓之雪山大士。其形象多为瘦骨嶙峋老人，拳一足，两手扶膝，支承下颏，以状其深山独处，思惟坐禅情景。此尊金髹木雕，运刀爽利奔放，大胆而不越规度。剔凿骨骼筋脉或衣裳褶纹，均似出于运斤成风而非矜持之精雕细琢。面部雕造，手法高妙，隆高之鼻准，向前探出之下颏，卷结堆积之眉髯，均使两目陷得更深凹，两颐瘦得更枯瘪，自然思及曾在幽寂雪山，度过无量岁月。全身通饰金髹，打金胶，贴金箔，上罩透明漆，即所谓"金箔罩漆"。只有眉髯在木地上略施本色漆灰，增强毛发氄氄之感。此一技法亦不可不记。

　　1951年3月，已不记何事赴津，奔波竟日。傍晚经劝业场古玩店，入门即见此像坐柜顶，问价后即如数付值。在车上已难按捺，取出审视，引得乘客围观。一日疲劳，已全消矣。

3.17 明鎏金铜雪山大士像

像方面长耳，头大异常，超出身躯比例。眉高起，在眉心与鼻准相连。颧骨隆突，偏下偏后，不在寻常位置。唇上无髭，在口角之外却又蟠结成卷。容貌奇古而含蓄浑成，故趣味隽永，耐人晤对。

此像面相不以传统形式为依据，更非写照传真，而以夸张接近浪漫手法，随心塑造，与前一像虽属同一题材，而风格迥异。

雪山大士在元、明小型雕塑中为常见题材，流往美国者不下四五尊，如芝加哥、费城美术馆均有之，但其艺术价值，视拙藏两尊均有逊色。

得此像经过，曾对人言，每为之一喙。有老居士宋云普先生，住东直门内羊管胡同极乐庵内，笃信佛教。常年四出，搜求铜木造像，在家供养。1950年冬曾往拜访，北房三楹，中室后壁条案上下，佛龛内外，大小佛像不下四五十尊。时代早晚、仪容妍媸，颇有等差。其中使我怦然心动者，仅此雪山大士。当时未敢启齿，只请得一僧人像（见 3.21）而返。一年后再度造访，询知雪山大士乃居士数年前向某寺布施香火资若干始迎归者。予肃然整衣，陈述先慈亦佛门弟子，弃养已逾十载，而家中佛堂如故（至1966年始被摧毁）。居士闻之，面有喜色。于是进言久有祈求家中佛堂金光普照，法相庄严之意。为此恳求赐我此像，以偿夙愿。倘蒙俯允，铭感无涘，并当倍蓰当年香火之资，以表虔敬之忱。居士欣然许可，取出洁白纸张，亲为包裹，授我捧之而行，直送至门首停放自行车处。予因欢喜过望，一时忘乎所以，倒转大士像，以便放入车梁下跨袋中。不料居士突然色变，连忙双手将铜像倒转过来，大声曰："岂能如此不敬！"我自知犯了严重错误，连说："罪过！罪过！"急速骗腿上车，疾驰而去。深恐居士发现我并非虔诚之士，而索还铜像。时为1951年12月21日。

一年后，于地安门义古斋得朱漆佛座，整板围子，卷屈而成，遍体断纹，古拙可爱。大士踞其上，诚如天造地设。"文革"抄家后，佛座未归还。吾家长物，有所值不菲，遭劫夺而未尝介意者；亦有不值几文，遭劫夺而未能忘怀者。佛座其一也。

高 20.5 厘米

3.18 明金髹木雕布袋和尚像

布袋和尚，通称大肚弥勒佛。佛典谓五代梁时定应大师布袋和尚，见于明州奉化县，"形裁腲脮，蹙额皤腹，出语无定。常荷一布袋入廛，见物则乞。且有十八小儿追随，然亦不知小儿何从来也"。此数语已勾勒出其笑容可掬，大腹便便形象，且有儿童随后，嬉笑追随。传说在民间广泛流传，大肚和尚遂成为喜闻乐见人物形象，绘画、雕塑亦不断用作题材。人们竟熟悉到用弥勒佛来形容身体肥胖者。神佛一旦被吸收到人民生活语言中，其重要性实际上已超出宗教范畴。

此尊金髹木胎，衣纹流畅，刀法纯熟，姿态为最常见一种，却用儿童脸型表现布袋和尚天真开朗性格，可谓突破常规。

高15.5厘米

高 20.5 厘米

高 31 厘米

　　像跏趺坐，两手结弥勒如来禅定印。全身紫漆，袍服上罩金髹，已多剥落，只衣褶低洼处残存金色。面、胸及手足紫漆，色浅而细润，当采用不同漆材及不等量色剂所得到之效果。

　　此像衣褶似嫌板刻，但面部雕琢却颇成功。佛头稍稍向前倾俯，眉眼微凹，鼻准垂直，双眸似闭而未闭，弥漫静谧气氛。使人感到佛已入定，进入明心见性境界。

　　（右像）与前一像雕刻手法恰好相反，眉、目、口、唇等部，线条锐利，轮廓分明，凿迹刀痕尽在。

但爽朗之中有含蓄，生动之中见静穆，功力之深，于此可见。

　　此像之另一特点为面部修长，身躯瘦窄，莲座刻法简略，高度却超出常规。作者似着意采用不寻常之比例，予人脱俗清新之感受。

　　1950 年 12 月 29 日购自东四西大街耀华斋。

高15.8厘米

僧像披袈裟，纹饰繁缛，高起若丝绣，如用金线缀缉而成。胸下为翔凤，卷云作地。右肩圆光，中有"月"字。左肩及两膝均蟠团花。

此为写真像，颊骨高而不宽，腮部收敛，目细而小。两耳长大，中部凹入。其前额及下颏，格外硕大，引人注目。刻工并不工细，而貌肃神完。或谓容貌与南薰殿历代帝王像之朱元璋有相似处（见《故宫周刊》第139期），但无任何史料可证。

僧像制作，值得一记。削木为胎，胎上糊纤维长而柔韧之棉纸，纸上敷白色腻子一层，干透打磨平整后，用沥粉堆出花纹。此后打金胶，贴金箔，罩透明漆。面部双手均髹黑色，口唇染红，眼内睛侧点白粉。为何如此装銮，待考。或意在再现僧人坐化躯体，所谓肉身像。

1950年12月11日，东直门内羊管胡同宋云普先生见让。

3.22 明青铜张仙像

少年面貌丰腴，气度轩昂，俨然浊世佳公子。头戴如意冠，旁垂巾角及飘带。左巾角已残缺，飘带垂搭两肩。袒胸露长袍及内衣双重衣襟。右臂袍袖下垂，左臂袍袖挽起，可见内衣窄袖。腰带下飘长穗，袍襟因风曳动，有助倏然潇洒之致。

少年右手三指捻弹丸，腰左侧佩鱼篓形袋，当是弹囊。左臂斜垂，手腕内勾，空无一物。据以上迹象，左手当持弹弓，因跌损而失落。倘推测不误，则此为张仙像。

相传后蜀降宋，赵匡胤召孟昶妃花蕊夫人入宫。夫人思念故主，画孟昶挟弓射猎像悬内室。赵匡胤询及，诡称此我蜀中张仙神，祀之令人有子，此后求子者多祀奉之。传世张仙像有五绺长髯，此像无之。可能原用丝状纤维或牛马尾作须，年久脱落，遂貌如少年矣。

50年代，购此像于地安门古玩店。

高49厘米

高 31 厘米

据服饰，此为明代有权势之太监像。冠两侧原上翘如双翼，断折后磨成今状。像传神处在右手食指微翘，左袖飘然回曳，显得高傲而悠闲。

作者对此四体不勤、养尊处优、高居人上、为非作歹之人物形象，可谓塑造得淋漓尽致。

明代宦官之祸甚烈，见此不由得使人对当时宫廷之腐败黑暗产生许多想象。

60 年代初购自荣宝斋。

高 20.2 厘米

推刻

像紫铜质，无款。或有款而为绿色锈层所掩，未能发现。衣领襟边、袖口及佛经函帙均以银丝错缠枝花纹，制作精美。衣纹圆转，面目慈祥，技法精湛。

曾数见嵌"石叟"款观音像，其佳者工艺与此相若，亦有竟远逊此无款者。可见不得以有款无款定真伪。正与薄螺钿加金银片漆器相同，嵌"江千里"款固有绝精者，亦有有款反不及无款者。一艺既精，仿者乃众。款既难凭，工艺优劣实为品评第一标准。

石叟闽人，观音像当受德化窑瓷塑影响，圆熟有余而高古不足，时代使然也。

高13.8厘米

　　头戴佛冠，胸垂珠珞，臂饰宝钏，端坐在仰俯莲座上。两掌相叠，原托宝瓶，已失去。下着薄裙，裙边从足颈下露出，垂落膝前，分别向身后绕去，莲座座面尽被遮覆。像雕刻甚精，眉眼及口唇曲线圆婉，与某些刻有永乐、宣德款之鎏金铜像近似。从整体看，似出中土工匠之手，为宫廷制品，而受西藏佛像影响。

　　像材紫褐色，质地近沉香而较坚密，无香气。全身用漆敷揩，佛冠、莲瓣、珠珞等高起处曾贴金罩漆。历时既久，漆已摩残，木质亦有剥蚀痕迹。不难想象初完成时之绚丽庄严。

3.26 清石雕老人像

50年代初，于吴兄炳文家见此像，因与石雕唐英像（有文述及，见《锦灰堆》贰卷页490）颇相似，求让，蒙见与。吴兄先君赘熙先生以藏永、宣青花闻名。二三十年代，明早期青花每被人认作康熙仿，先生独具只眼，故所得独多。明清影像，当时不为人重，收藏亦夥。

老人像面长有须，坐磐石上，着酱色四爪金龙团纹袍。一肘倚书，函上签题"百寿图"，盖为庆寿倩人造像。

像雕造极精。鼻准垂直丰满，目细小似失比例，均具特征，面部起伏予人皮肉松弛感。脑后垂发辫，项间隆起有褶，状写入微。运刀不只是剞凿，如用笔皴擦，与颜色渲染相结合，似吸收画像写真手法。与唐英像同样予人确有此翁、似曾相识之感。尽管刻画太工，难免有自然主义倾向。惟像主造像，必要求栩栩如生、丝毫不爽。刻工不得不如此，可以理解。

唐英像有汪木斋署名。据《陶人心语·题石镌小照小序》，木斋名本，号南桥，徽人，侨居湖北。此像因用料、刀法、设色等无不相似，应亦是汪氏之作。古代民间艺人知其姓名者极罕，镌石写真，在雕刻中又别具一格，故此像仍有值得注意之处。

高26厘米

高12.5厘米

宋铜释迦像　美国洛克菲勒三世藏

天庭甚高，容貌古拙。肉身外露及衣裙蔽体处，分别用黄铜、紫铜制成。坐垫正中雕兽面，左右叶片卷叠，花纹繁缛。座底中坐男女供养人，左右分列大象、狮子，雕刻精细而生动。美国洛克菲勒三世藏有释迦像，见洛氏所藏亚洲美术图集（Asian Art from the Collection of Mr. and Mrs. John D. Rockefeller 3rd）图12，与此像十分相似，可以肯定为同一地区及时代制品，但不及此像精美。图集编者谢门李（Sherman E. Lee）定为11世纪缅甸造，未能提出令人信服证据。求教于亚洲佛像权威帕尔博士（Dr.Pal Pratapaditya），承告类此造像之产地尚无定论。偶读台北故宫博物院编印新田集藏《金铜造像特展图录》第三章，葛婉章女士以为类此造像深具喀什米尔风格，乃11世纪后期藏西古格所造。古格王朝曾遣僧众赴喀什米尔求法，并请回喀籍造像工匠多人，故受其影响。《文物》2000年3期封面刊出古格王国遗址阿里皮央石窟杜康大殿出土铜佛像一尊。黄色铜质及有高浮雕人物、动物台座等，均使人意识到与此像有密切关系。亦可作为此像乃古格所遗之旁证。

高32.4厘米

　　不空如来乃佛典所谓金刚界王智如来中之北方羯磨部主，左手作正定印，如释迦之左手。右手当胸，指有残缺，向外略扬，施无畏印。

　　像以浅黄色铜铸成，头戴高冠，正中以衔花兽面组成缛丽图案。耳戴大环。左右绦带下垂后又向上返折，与高冠相连。面相塑造精湛圆润，全泯刀凿痕迹。表情含蓄，耐人晤对。两眼用白银镶填，口唇则以紫铜嵌错。从整体风格到铜料及装饰纹样均受喀什米尔影响，当为12—13世纪藏西地区所制佛像之至精者。

　　60年代初购于东四万聚兴古玩店。

高 15.4 厘米

男像为金刚萨埵，银制，手持
铃杵。女像铜制，手持斧钺及颅钵。
银因氧化，呈灰黑色，故从图片不
易分辨所用金属之异。银铜双身已
属罕见，况铸造精美若此，珍贵自
不待言。

此像曾定为尼泊尔制。照
片邮寄洛杉矶帕尔博士，认为乃
12—13 世纪藏南所造，并名之曰
Vajrastiva and vajrasattvatmika.
殆"金刚萨埵及其配偶"之意。造
型风格受尼泊尔影响则可以断言。

50年代购此像于崇文门外青山
居，所付超过两月工资，生活常拮
据，实咎由自取也。

度母面貌塑造耐人寻味,不露笑容而能表现出欢畅欣悦心情。隆胸纤腰,垂足坐亦婀娜多姿。右手拇中两指扣抵成环,置膝上。左手持花枝,錾刻甚工。座为大朵莲花,一茎冒出水池。从茎底长出叶梗花苞,向两侧旋转,形成玲珑透空高座,在藏传佛像中不多见。

铜质紫色,身躯遍涂金粉,发髻染蓝色。膝间金粉剥落处,露出精细线刻图案,当为衣裙花纹。剔除涂层,始能见其庐山面目。

1996年得自天津文物商店七尊之一。

高12.5厘米

高7.1厘米

藏传密教男女双身像,立牛背上,手持骷髅棒、钺、斧等物,后有背光,下设单层莲座。或以为乃忿怒明王像,或以为乃地狱主像,似以前者为是。就雕工言,制作并不精工,若漫不经意,草草而成。但造型圆浑雄厚,饶古拙趣。造像时代可能为元初或更早。

审视胎质乃紫铜,鎏赤金,积层甚厚,光泽饱满。摩残处铜胎又被黑漆古遮掩,故黝黑闪蓝光,与金色对比,更加灿烂夺目。据烟袋斜街古玩店经营藏像者言,西域僧侣每携铜佛法器来京易财物。小件常系颈练垂胸前,日久出现包浆,颇具特色,而此像即曾被常年佩系者也。

　　男像身躯肥硕，张口大笑，似格格有声。右手托牟尼珠，左手握一鼠。女像腰部纤细，眼合成缝，笑而未纵。右手低垂，左手擎穗状物，象征谷实。此为藏传宝藏王及雨宝佛母，俗称财神像。两躯并坐莲座，半跏趺，全无拘束，颇具风趣，未见宗教尊严，而是家庭合影。

　　60年代初购自隆福寺古玩摊。

高4.3厘米

　　像高仅寸许，竟有寻丈之势。圆润丰腴，与唐代雕刻一脉相承，使人联想天龙山石刻。

　　右臂举剑，飘带自臂垂下。左臂因姿态向下，飘带又转而向上。如此处理，不仅加强装饰趣味，并增添流动效果。可见小型藏传造像，各部位间之开合呼应亦不辞意匠经营也。

　　偶得枯木台座，用以供养，别饶古趣。

高4厘米

3.34 明鎏金铜金翅鸟王背光

通高 26.6，鸟高 14 厘米

金翅鸟王，梵名迦楼罗。《华严经·智度论》等佛典称其往往飞行虚空，以清净眼观察大海龙宫，有诸龙命应尽者，以翅搏开海水，取而食之。佛亦如是，以佛眼观察十方世界，若有善根已成熟者，为除障碍而出生死海。盖以辟海取龙象征接引众生。

据《造像量度经》，金翅鸟王的形象为："人面、鸟嘴、生角，腰以上人身，以下鸟体……两角间严以牟尼宝珠，及其耳环项圈，璎珞臂钏，双翅展而欲举之状"，与像符合。至于鸟下龙身飞天，得之于搏海取龙之传说。

金翅鸟王及龙身飞天，在密教雕刻中颇为常见。元建居庸关云台，券门正中所刻为广为人知一例。又如拉萨色拉寺明文殊菩萨像（见刘艺斯编《西藏佛教艺术》图74）亦有之，不胜枚举。

此金翅鸟王亦为佛像背光饰件，不知何时与主像分离。飞天回身向外，一臂弯屈，一臂擎举，指似柔荑，眉目秀朗，于天矫中见妩媚。头后有蛇首昂然，乃印度遗风，腰际以下，龙身蟠蜿，随势生出形似火焰之花叶。鸟王位居正中（龙身有榫，鸟尾有穿，可以安卸），臂展翼张，作搏风扶摇之势。头上花叶攒簇，形成饰件之顶巅。不难想象，与主像连属时，整体为如何富丽庄严。今虽分离，自身尚不失为一组完美动人之金工雕刻。此一题材定经长期之艺术实践，始能发展到如此成熟程度。

1951年7月1日东安市场丹桂商场马姓古玩摊乐天商行出示此件，一见而不能释手。以高价得之。

雕刻

72

3.35 明石雕喜金刚像

(正面)

(背面)

高 20.3 厘米

喜金刚为藏传萨迦派最崇敬之佛祖。男相八面十六臂,手托颅器,器内有趺坐小佛及象、马、羊等兽。胯下垂骷髅一匝,女相冠饰华鬘,身披璎珞,一手持杵,一手托颅器。像下有仰俯莲座,座上卧四神,仰面承金刚之足。像后背光,正面浅雕阴文火焰,背面中部凿空,突然如门户洞开,露出金刚背面。故此背光像实可面面见雕刻之圆雕像。背光正中刻藏文题字,识者谓即"唵嚤呢叭咪吽"六字真言。

金刚像多铜铸,石刻者极罕见。此尊雕琢细入微芒,神工鬼斧,更为绝无仅有。非出于信仰虔诚,不可能有此累月穷年,耗尽目力精神之制。曾出示老友顾铁符兄,叹为观止,再三嘱咐"什袭宝之"。

抗美援朝时期,北京古董商假中山公园举行义卖会,予往参观,以五十万元得之,时在1951年5月31日。

3.36 明青铜米拉日巴尊者像

以坐几锦垫为佛座，藏传铜像不为罕见。惟覆几羊皮，角棱旋卷，两眼干枯，鼻陷吻裂，蹄脚下垂，均经精心刻画。锦垫重叠，同施六出图案，而纹理一阴一阳，有疏有密。如此佛座，自觉不凡。

身躯欹侧，重心在左股及按几左手。右股拳屈，膝承臂肘。头微倾，右手掩耳及鬓角。发分五绺，搭肩背上。唇薄、鼻高、目朗、眉清。内心纯洁、智慧圆通者，理应有此庄秀仪容，恬静气度。

单衣外露右臂前胸。下襟贴身，感觉到织物细薄柔软，肌体有弹性。左足脚心朝上，趾分如掌，而拇指微拗，并非静止。右足拇趾上翘，似拨动有声。两手圆婉自如，姿态优美。可见所有细部，均经刻意塑造。

雅
刻

言其整体，身材如此匀称合度，形态如此生动逼真，情致如此安适祥和，实已具有生人性灵。不禁起感谢之情，造像者将生命注入冰冷的顽铜。

据一手掩耳仪轨，知为米拉日巴尊者像。尊者乃西藏著名圣哲，生于宋太宗淳化三年（992年），卒于宋神宗熙宁八年（1075年）。其传记为藏族文学家乳毕坚金所著，是一部名著。有汉文（《西藏圣者米拉日巴的一生》，王沂暖译，1942年12月商务印书馆）、英文（*Tibet's Great Yogi Milarepa*, Edited by W.Y. Erenswentz, 1928, Oxford University Press）等不同文字译本。相传米拉日巴善歌唱，一手掩耳，正在曼声长歌。千百年来尊者受西藏人民崇仰。此像对内心、仪容之完美塑造，反映人们对尊者之爱戴。

1950年12月17日于地安门大街宝聚斋见此像，曾以为乃女性。佛脏已被掏空，得以微值得之。归示荃猷，争相把观，为之欢喜累日。一年后始知为米拉日巴像。

高15.2厘米

雅
刻

高16厘米

西方学者称此为费卢波（Virupa）像。费卢波乃佛教、印度教共同供奉之大成就者，生于东印度，而一生弘法多在南印度。传称有超自然法力，手指天空，便将太阳定住不动。

像右手托颅器，左臂斜举，食指伸出而末节钩屈，半跏趺、半蹲踞置身莲座兽皮上，并以"贡他"修法带固定身躯。西方图录所见费卢波，仪轨与此符合。

此像身体尤为壮硕，两目大

睁，眼珠努突。双眉紧蹙，胡须旋卷，勇猛威武，使人念及唐宋雕刻中之天王力士。在15世纪藏中地区之金铜造像中当属佼佼者。

50年代，购于烟袋斜街庙内东虎古玩商家中。

3.38 明青铜释迦牟尼佛坐像

左手掌心向上，置两足相交处，右臂下垂，手搭膝间，是为释迦牟尼最常见之仪轨，却耐人远望近瞻，于平常中见神采。

像上几无文饰，薄衣贴身，躯体毕露，圆浑起伏，似有韵律，备见人体美。手指塑造，虽静止而觉其柔润灵活。面相无意显示佛祖庄严，而智慧明澈，超然无碍，却有充分的表现。可谓造型在仪轨之中，神情超仪轨之外。

高25.4厘米

高18厘米　　　　　　　　　　　　高12.5厘米

度母坐高莲座，一足下垂，受花承托。身躯略向左倾，两肩右低于左，取势又微向右仄，塑造出人体曲线美。腰下薄裙蔽身，有精美错金银嵌饰。腿股间为回旋条蔓，上生花朵。正面裙褶以圆点图案为饰。据其风格，当为明早期西藏地区所造。

像右手原持花枝，斜上固定在

右肩一侧，已断失，卯眼可见。

1996年天津文物商店所得七尊之一。

（右像）整体风格与前尊相同，铜呈紫色，高莲座尤为显著。姿态、装饰则有别。右臂下垂，左臂肘屈手举，左足搭右股，而不贴着莲座，衣上无金银嵌饰，是

其异处。两手均有花枝自掌中出，随臂而上，花蕾分傍肩头，左右相映。

此像突出女性体形，胸隆而腰纤。脑后以箍束发，形如大头椎槌，搭在背上，状甚奇特。是何民族发式，有待查考。

1996年天津文物商店所得七尊之一。

3.41 明鎏金铜尊者像

据此像转法轮手印及僧帽，或认为乃宗喀巴像。惟僧帽并不出尖，且非光素，有编织纹理，与习见宗喀巴像不同，故当为尊者像。座底下层镌有藏文两匝，译读后或能对上述问题作出解答。若就僧之制作工艺及艺术水平而言，在藏传金铜佛像中均属上乘。

60年代购自打磨厂青山居文物店。

高13厘米

3.42 明鎏金铜金刚橛

3.43 明木雕金刚橛

凝眉努目，口大张，齿牙如列刃，髭须似屈铁，使人一见想到唐俑力士天王。如远溯，可一直到上古玉器花纹。不同时代之惊人相似，是出于艺术家之各自创造，还是存在继承传衍的因素，值得探索研究。为寻求合理的解释，还须根据具体事例，作具体的分析。

高13.8厘米

橛上端雕神面三具，散发直立，有冲天之势。眉眼鼻口，紧蹙集中，狰狞可怖。头顶颗颗圆而有两孔者为骷髅。

神面之刻剔似毫不经意，而造型怪谲，刀痕爽利，可见其技法之娴熟。

高17厘米

3.44 清鎏金铜喇嘛像

紫铜胎鎏金，棱角高起处，金多摩残。戴高冠，袍服以锦条缀成，层次分明，衣纹亦流畅自然。锦条花纹虽繁缛，但无损形象之完整。据服饰知此为地位崇高之西藏喇嘛像。

藏族人面貌颇具特征，额角、两颊较高，两眼间距离较大，别具一种神态，可领会而难言传。此尊形神兼备，一望而知是真实人物像。此为我购藏传喇嘛像之惟一标准。

高 11 厘米

高17.8厘米

面如满月，微含笑意。两颧颊高，是蒙古民族容貌特征。手指或弯或屈，柔婉自如，无不透露真实人物生活气息。据尖顶高帽，可名之为宗喀巴像，但年代较晚，故当为蒙古喇嘛写真像。

喀尔喀高僧扎纳巴扎尔（1635—1723）幼年即入西藏学习佛法和铜像铸造，后被授哲布尊丹巴呼克图尊号。他一生对喀尔喀藏传宗教及佛教艺术有极大贡献。如认为此乃扎纳巴扎尔像，缺少证据，不敢妄定。但在一定程度上此像受扎纳巴扎尔铸造艺术影响，似无可疑。

60 年代购自东四西大街万聚兴葛姓古玩店。

3.46 印度青铜菩萨半跏趺像

阔额深目，鼻端有钩，藏传佛像未见有此容貌，自当来自远域。寄照片就教于印度佛教艺术家帕尔博士，定为 11 世纪印度制造。

制像者定是高手，比例适度，形态自然，凝重而灵巧，庄严而秀丽，实难兼备。工料装饰，尤为考究。冠髻、项环、臂钏、腰带，均嵌紫色琉璃珠。裹身轻纱，平列菱纹，相间镶白银、紫铜，亦为此像增色。左手四五两指惜已断折，所持花枝亦散失。

1996 年天津文物商店所得七尊之一。

高 14.5 厘米

3.47 印度石雕十一面观音像

石质略有透明感，淡黄色。最上一面已跌损，除顶端第二面，怒目张牙，意在威慑邪恶外，余均为女相。八臂，手中持珠串、花朵等物。正中应有双臂两手合掌，惜断折遗失。莲座右侧雕一猿猴，吻佛垂手，有祈求接引之意。座雕仰俯莲、卷草纹，花叶肥腴，具印度风格。曾见欧美博物馆图录，有类似石雕，收入印度艺术部分。

1951年6月23日购自王执中。

高12厘米

高18.4厘米

高17厘米

眉目细部不甚清晰，但美而含蓄。身躯略偏，左足踏而不实，膝部微屈向前，重心在右足，姿态闲逸自若。衣带在股间围绕后，又下垂到莲座，婉转流畅，与身躯曲线配合绝妙。青铜锈层薄而坚实，绿色斑驳，颇饶古趣，据造型、制作，当为12世纪东印度制品。

60年代购自东琉璃厂古玩店。

（右像）身披薄氅，右手作无畏印。左手执衣角，垂出掌心如鹿耳，作授记印。类此立佛造型，起源于印度，5世纪已流行。襞积或紧贴肢体，如初出水，或轻纱遮蔽，不见襞纹，如未御衣。惟其予人脱尘出世、翼然飘举之感也。

此像受印度影响且具有其优美特点。惟经比较，与缅甸蒲甘出土之11世纪青铜立像（见日本出版修订本《世界美术全集》第11卷插图249）更为相似，故定为缅甸制。

60年代购自东琉璃厂古玩店。

3.50 尼泊尔铜菩萨像

莲座巨大逾恒。菩萨半跏趺坐，似年未及冠，严肃而挺秀，富有青春活力，佛像中罕见。头戴三瓣花冠，顶耸高髻，发辫由髻旁下垂至肩。斜披袈裟一袭，上身大部外露。凡此以及项环、臂钏等，无不与俄罗斯列宁格勒冬宫博物馆(Hermitage Museum)所藏尼泊尔无量寿佛像（见附图，取自《西藏神圣艺术》[*Wisdom and Compassion – The Sacred Art of Tibet*]，M.M. Rhie等著，1992年，图144）相似。故定菩萨像为14世纪尼泊尔制品。

高14.7厘米

尼泊尔无量寿佛像　俄罗斯列宁格勒冬宫博物馆藏

高 23 厘米

　　此为极标准之尼泊尔度母像。海外称之曰Tara，博物馆及拍卖图录屡见刊登。与其最精者相比，此像并无愧色。

　　右臂下垂舒掌，左手本有莲萼在握，已散失。身躯微厂，重心在右足，婀娜多姿，完善地塑造出女性美。服饰镶珍珠、松石等，绚丽夺目。

　　50年代后期，偶经打磨厂，见青山居古玩店堆房，四五人正倒箱清理金铜佛像。至第五、六箱时发现此像，爱不释手。许以高值，屡请始许携归，此后半年中，使我常拮据。曾请店人告我像之时代、产地，彼皆懵然，而我当时亦不知其为尼泊尔造也。

雕
刻

高12厘米

　　西方学者称此为Vasudhara
像，女性，六臂，手持宝瓶、谷
实、经卷、珠宝等，乃财富之神。
尼泊尔人民常在家中供养，传世
较多。

　　像制作极精，仪容娟秀，服饰

华丽，镶镂之处且以绯色琉璃作镶
嵌。金光照人，熠熠夺目，完美如
此者甚罕见。

　　此像亦于打磨厂青山居古玩店
堆房购得。

高15厘米

佛披袈裟，下露袍服，分别浅雕六瓣团形花纹及缠枝花纹。两手当心，一俯一仰，是转法轮手印。眼部隆起颇高，中间凿成直缝，不见弯曲起伏。眉、眼之间，相挨甚近。眉又迫近发际，故显得前额短促，两颊修长。口微张，符合说法情景。面相呈古拙趣味，同时感到其日本风格。

跏趺坐佛，上身偏长，膝部扁薄，又是日本佛像的特点，此像亦然。故定铜像为日本造，时代约11—12世纪。

像背及下部邻边有穿孔小鼻，说明原有背光及台座。

60年代于琉璃厂东门古玩商家中见此像，蒙见让。

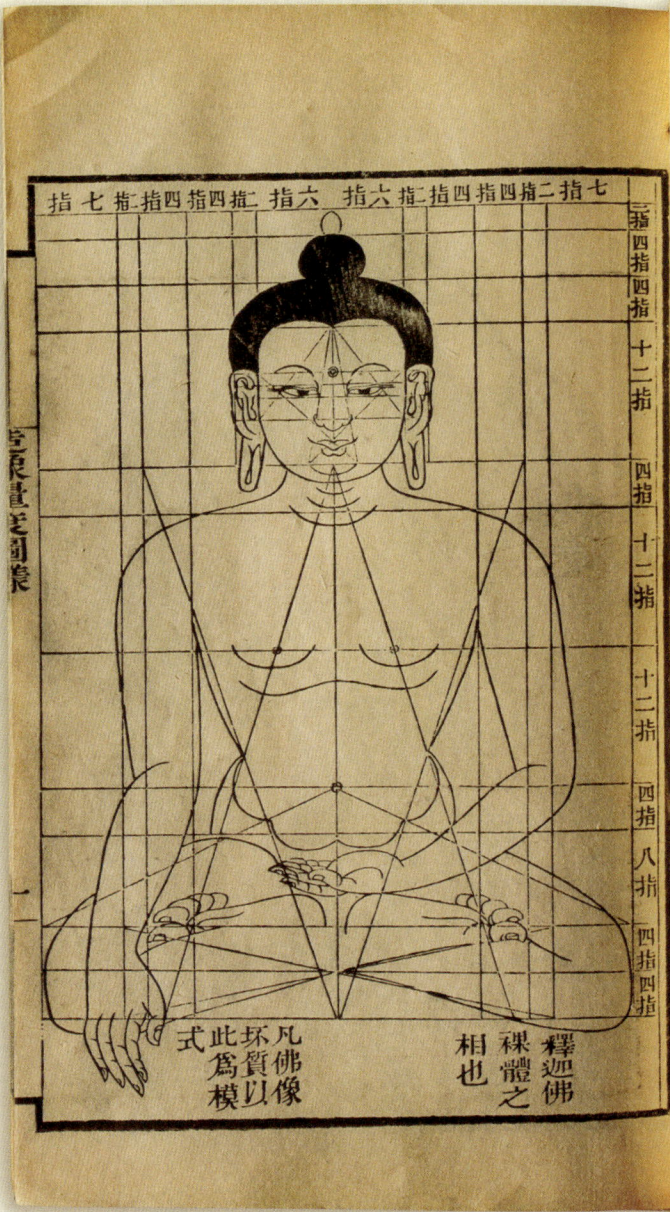

清工布查布撰《造像量度经》书影清刊本

部分传世佛像按此量度绘制或雕刻塑造

漆器

4.1 明龙纹铪金细钩填漆柜门残件

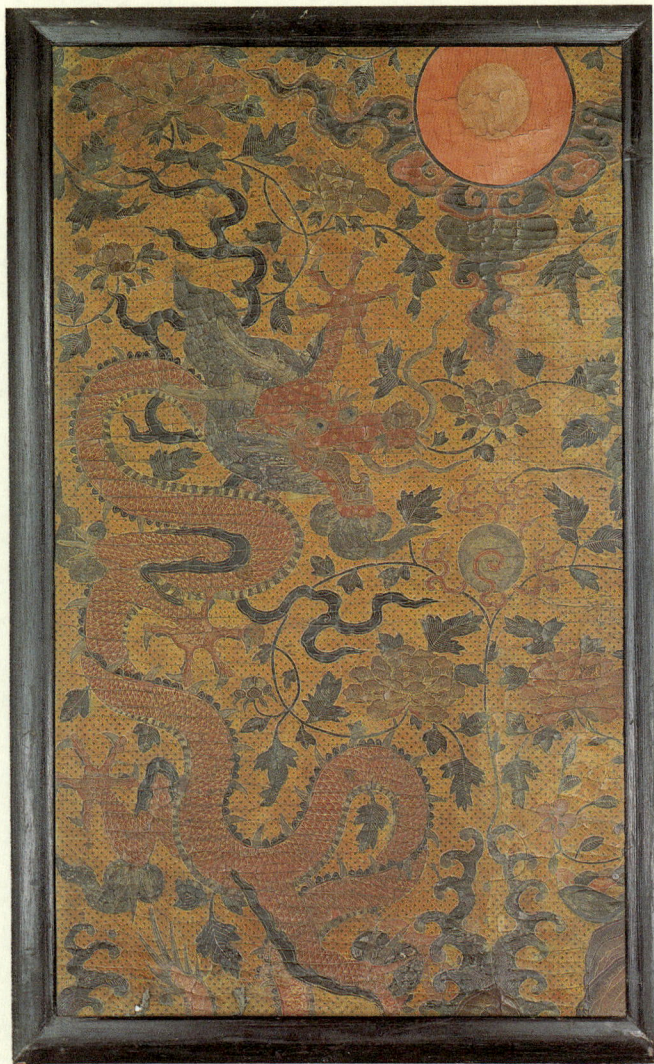

100 × 62, 厚5厘米

此种漆工艺,通称"雕填",明代已有此名,清代以来,更为流行。《髹饰录》则据其花纹为用彩漆填成或是彩漆描成分别称之曰"铪金细钩填漆"和"铪金细钩描漆"。只因二称冗长故很少有人采用。据观察,两件柜门乃用"铪金细钩填漆"技法制成。

柜门以方格锦纹作地,格子用朱漆填成,格内卍字用黑漆填成。龙纹一为红身黑鬣,一为黑身红鬣。锦地上压缠枝花纹,疏叶大花,柔枝回绕,更有火焰穿插其间,显得格外活跃飞动。从漆面剥落及断纹开裂处,可以看到填漆色层的厚度。龙身、花叶等面积较大部位,填漆厚达1—2毫米,锦地框格则漆层很薄,说明花纹大小不同,剔刻深浅也不同,填漆也自然厚薄有异。大柜款识已无从得见,从图案风格及雕工填法来看,当为明中期制品。

德胜门后海河沿有晓市，某日经过，有杂货摊以条凳支架木板，上铺蓝色破床单。风吹卷起一角，板面似有彩画。撩单俯身观看，竟是两扇雕填漆柜门。予求购。摊主谓木板支摊，正嫌其小。如不吝惜，为我买一副大铺板，当以此两小块相易。立刻成交，皆大欢喜。此平生奇遇之一。

100 × 62，厚5厘米

4.3 明进狮图剔红盒

锡胎，盒面微微隆起，锦地上刻彪形大汉，高颧勾鼻，须发卷曲，耳穿大环，帽插雉尾，不似汉族人装束。两袖高扬，作叱喝之势。旁一巨狮，回头奋爪，奔驰欲前。地下一旗半卷，已被践踏。所绘为朝贡进狮，猛悍难驯之象。盒底刻牡丹山石。此盒堆朱不厚，而镂刻层次颇多，非高手不能作。其刀法仍为藏锋圆润一类，当为宣德、嘉靖间制品。

1951 年 11 月 12 日，购自地安门白米斜街口纯古斋古玩店贾德林。据称盒经沙滩老虎洞志宅售出。志宅即珍妃家。

径 8.1，高 4 厘米

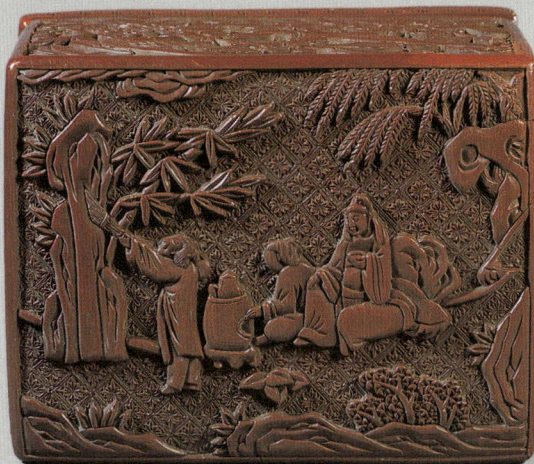

12.6 × 9.6，高 9.6 厘米

盒顶面刻一人倚石上，手托杯盏。童子在前，踞地烹茶。左侧一童，举帚扫石，待主人题诗。此为明人刻竹、髹饰常见题材，故有"烹茶扫石"之称。立墙正、背两面雕茶花绶带，两侧面雕海棠绶带。盒内有屉一层，连同盒里，均髹黑漆。盒底刻回纹一匝。据剔红刀法为明中期制品。屉上有印泥痕迹，知盒为贮置图章之用。

1951 年 8 月 6 日购于琉璃厂萃珍斋。

4.5 明缠枝莲纹嵌螺钿黑漆长方盘

木胎，黑漆嵌牙黄色螺钿，或称之曰"砗磲钿"。盘中心开光，嵌缠枝花八朵，上承八宝。底足内髹朱漆。从盘边一片螺钿脱落处，得知嵌片厚约1.5毫米。制作不甚精细而有厚拙粗犷之致，是一件标准明代厚螺钿漆器。

31×19. 高4厘米。

漆器

径23.9，高12.5厘米

　　皮胎，朱漆里，器表红黑相间，中夹暗绿色，层次杂沓而斑纹浮动，有行云流水之势。犀皮工艺近百年来已濒绝迹。50年代有作坊用犀皮来制作烟袋杆，经采访，获知其髹饰过程：先用稠漆在胎骨上堆起高低不平的地子，在上面分几次上不同颜色漆层，最后磨平。在地子高起之周围，研磨后会露出一圈圈不同色漆层断面，出现不规则但又有韵律的绚丽花纹。斑纹之象形、回旋之运行取决于地子起伏之状态，故《髹饰录》有片云、圆花、松鳞等名色。此盒属片云一类。

　　1951年2月18日购自地安门东不压桥德国古玩商吴履岱。

4.7 清获浦网鱼图洒金地识文描金圆盒

盒皮胎，洒金地上用不同颜色稠漆堆起花纹，再施多种装饰方法。如近景树干用紫漆堆出，或堆后描金。树叶用漆平涂，黑叶者洒金粉。右侧山石四叠，一用黑漆堆起，上面贴金；一用厚金蒙贴，砑出皱纹；一贴银叶；一涂紫漆洒金粉。余景均用描金画出。渔船贴金叶，渔父用识文描金。盒墙以蛱蝶落花为饰，也采用描金、贴金或蒙银叶。由于多法并用，属《髹饰录》"复饰"漆器。

此盒出自我国工匠之手，但受日本漆工艺影响。明张汝弼《杨埙传》称："宣德间尝遣人至倭国传泥金画漆之法以归，埙遂习之，而自出己见，以五色金钿并施。"似可作为旁证。

1951年2月购自琉璃厂振寰阁裴振山。

径13. 高4.6厘米

漆器

径10.5，高1.5厘米

《髹饰录》讲到嵌螺钿之"分截壳色，随形而施"及加金、银片，均被运用到此小碟上。正面用划纹壳片及银点嵌成一执扇仕女，云髻高绾，珠饰双垂。衣衫及两袖壳色闪蓝光，袖口闪红光，长裙闪白光，并用银片缀成小朵团花，内间甸壳圆点。飘带正面用甸片，转折处用金片。碟外边有金、银甸条组成锦纹一道。底足内嵌"楚莲香"三字及"修永堂"方印。画稿风格近似陈老莲，制作年代当在清前期。

4.9 雕填花鸟纹黑漆盘

径22.2，高2.4厘米

皮胎。盘正面开光内以芙蓉湖石翠鸟为饰，围以锦地。盘边内外有云纹及锦地。底无足，光素无文。

此为简化之雕填，工艺为黑漆地上钩阴文花纹。花纹轮廓内先髹朱漆，在枝叶之朱漆上再髹绿漆，形成绿叶红花。枝梗及叶筋因钩文低陷，故绿漆下时露朱色。锦地则髹黄漆。髹后磨去表面黄漆，制成黄色卍字锦地。严格说来，此器并未填漆，只有陷入阴文钩痕中之色漆而已。只因其大貌近似刻后填漆，故仍被称为雕填。

漆盘花纹简率，似为明清民间制品。但不能排除近人利用无文旧器后加文饰，有如瓷器之"后挂彩"。当年此盘即为研究此一问题而购置。藏之五十年，见者意见仍不一致。

1951年4月1日购自杨英华。

4.10 清瓜蝶纹洒金地识文描金葵瓣式捧盒

木胎，在洒金地上用朱、黑两色稠漆堆起瓜蝶纹。花纹或全部施金，或金钩纹理。多处已摩残，露出下面的色漆，斑驳而有古趣，正如《髹饰录》所称"成黑斑以为雅赏也"。从盒底部分剥落处，看到稠漆花纹上贴有银叶，此上又上黑漆。此一技法之用料、工艺及制作意图均值得作进一步的探索。有闪光而隐约不喧当是所期之效果。盒里亦为洒金地，平写描金折枝花卉。从整体风格来看，当是乾隆时期为宫廷制造的漆器。

1951年2月购自琉璃厂振寰阁裴振山。

径39，高13厘米

4.11 清云龙纹识文描金朱漆长方盒

木胎，紫红色地。盖面一龙，作拿空之势。龙头、鳞片及圆珠用深紫色稠漆堆出，描赤色金。高起处金已摩残，露出深色底漆，与低处之浓金，形成鲜明对比。鬌鬣、龙爪及火焰用漆平写，描正黄色金并用黑漆钩纹理。盖面上下近边处都平写云纹，用赤金画轮廓，正黄色金填空。两种金色的运用，说明"彩金象"同样可施之于识文描金。此盒髹法似受日本高莳绘的影响。

19.3×10，高4厘米

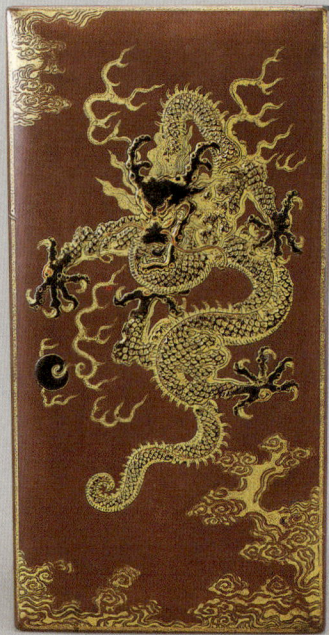

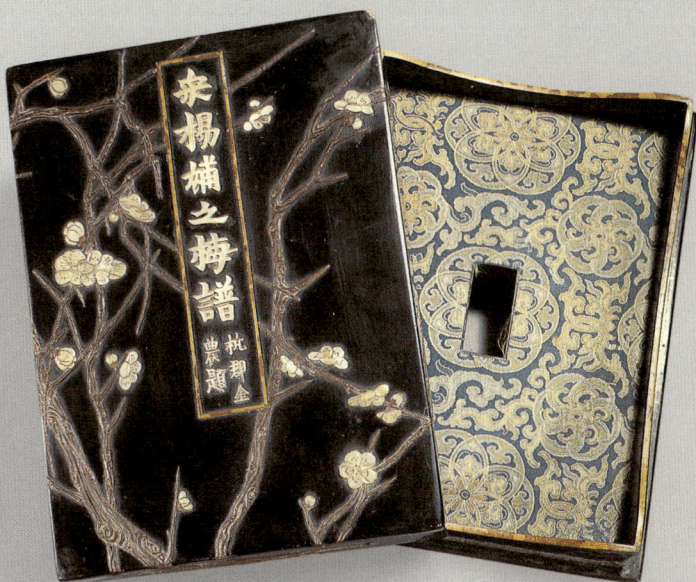

24.5×18, 高7.5厘米

　　按《髹饰录》, 称嵌入漆器之壳片与漆面平齐者曰"螺钿", 贝壳经过镌刻, 嵌后高出漆面者曰"锩甸"。此盒采用"锩甸"工艺。

　　木胎, 盖面正中用湘妃竹界出栏格, 内甸嵌"宋杨补之梅谱, 杭郡金农题"十一字。栏格外梅花用甸壳镌成, 枝干用紫色稠漆堆起, 皆高出漆面。盖面花枝与四边立墙连续。瓷碗绘花卉有所谓"过墙花"者, 二者同一意趣。盒为扬州制品, 时代应早于卢葵生, 或出自其父辈卢映之等之手。

　　50年代于西单北大街路西旧书店见黄花梨石面方桌及此盒, 以粉彩瓷砖面花梨六仙桌等硬木家具数件相易。石面方桌今在上海博物馆。

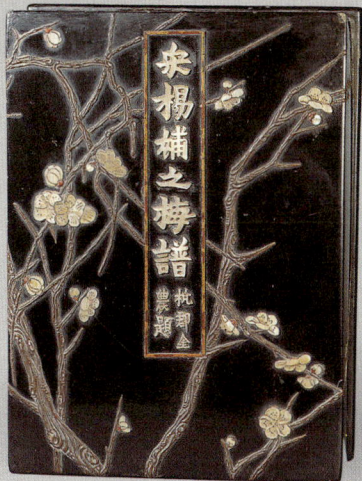

4.13 清瘿木漆葵瓣式香盒

木胎。边缘起线,圆盖有纽,制作颇精。漆面用鬃刷蘸不同色漆旋转涂成,因纹理近似瘿木而得名,是用简易技法来摹拟工序繁复的犀皮。年代约在清中期。

1950 年 8 月 1 日购自东华门宝润成。

径15, 通盖高6.5厘米

4.14 清花鸟纹红细纹填漆黑漆椭圆盒

皮胎。盒面牡丹纹，立墙水仙纹，长尾鸟飞翔其间。划纹细而密，填各色漆而以朱色为主。花纹不甚工整，制作亦较简易，而淳朴饶民间气息。《髹饰录》称："一种黑质红细纹者，……其制原出于南方。"清田雯《黔书》述及用铁笔镂丹制成的贵州皮胎漆器，即此类也，近年大方地区仍有生产。

此盒年代约为清中期。

长径10.5，短径7.5，高5厘米

4.15 清水仙纹黑漆描金篾胎碟

编竹篾作为漆器胎骨，可上溯至战国甚至更早。江陵拍马山楚墓出土之篾胎盒是广为人知的实例。明清篾胎漆器颇为常见。康熙二十二年《宁化县志》有记载："以笙竹破为细丝，织作诸器，凡杯、碗、帖匣、妆奁、盥盆、文格、扶手、帽盒，无不为之。"虽未言及施漆，实常与髹工结合。

此碟中心黑漆，以褐色漆绘水仙一株，旁佐灵石，黑漆画纹理，再用金笔勾边。沿边一圈，篾丝尽露，口镶镀银铜扣。据其制作，即宁化地区制品，时代在清晚期。

径 13，高 2.9 厘米

漆器

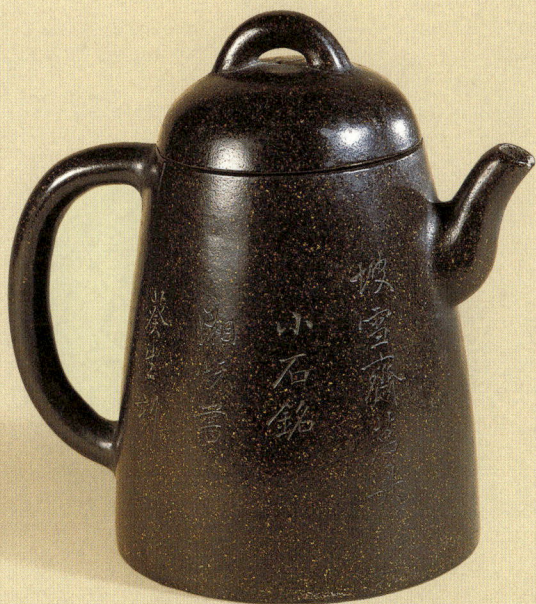

高12.5厘米

壶胎上敷掺有角质沙屑漆灰，有相当厚度。磨平后，在褐黑色漆地上出现黄白色碎点，密而均匀，灿若繁星，比古琴鹿角霜漆地中的碎屑稍粗，似更坚硬。有可能用象牙或未经烧煅之鹿角捣碎调灰。壶一面刻四言铭文："读得意画，赏及时花。竹炉细煮，聊试新茶。"一面刻"坡雪斋茗具"五字。款署"小石铭，湘秋书，葵生刻"。

1950年12月5日购自椿树胡同李鑫之。

4.17 清子庄刻花鸟纹瘿木漆铨金硬木笔筒

笔筒可能用黄花梨旋成，不敷漆灰，直接用刷蘸红、黄、紫、黑色漆髹成瘿木漆。刻长松一株，下有月季一本，花叶皆勾细筋。松上两鸟，细羽用毛雕，大翎则经铲剔，痕迹较深，均填金，故实为一件戗金漆器。题字"龙鳞百尺大夫松，柷云溪外史设色法，子庄铁笔"。按云溪外史为恽南田别号，子庄当是咸丰时以书画篆刻闻名之包虎臣，见《寒松阁谈艺录》。

1946年购自琉璃厂司仁甫家。

径14. 高15.1厘米

漆器

23×16.2. 高6.7厘米

多宝臣（1887—1965），北京名漆工。50年代，为注释《髹饰录》，师事多老。承耐心讲解，亲手示范，历时数年，受教甚多，至今铭感。此盒为揭示所谓"雕填"漆器，花纹有填成或画成之别，更有兼用填与画者，特手制作为教材。从此可进而理解何以《髹饰录》有"铋金细钩填漆"和"铋金细钩描漆"两个名称。

图案采用宋缂丝紫鸾鹊谱花纹。九朵绿色花蕚，用填漆制成，其法为剔刻漆层，填入绿漆，干后磨平。其他花纹皆用彩漆描成。待全部花纹填毕描用，用钩刀沿花纹轮廓，勾刻纹路，通身打金胶，贴金箔。最后揩去漆面的浮金，只留下陷入纹路内的金，形成镶有阴文金边的彩漆花纹。由于花纹全有金边，一眼看去，不容易分辨出哪些花纹是填成的、哪些是描成的。正因二者区别不显著，故不论是填成的还是描成的，或填、描兼用的，一律被人称为"雕填"。当然填漆和描漆工艺繁简不同，年代亦填早于描，贵贱自大有差异。清初以降，填漆渐绝迹，只见用于作锦纹矣。《髹饰录》为专讲技法之书，故对命名特别严格，使后代了解许多漆工知识，其功诚不可没。

此盒为当代漆器，但系吾师示范之作，曾目睹各工序制作过程，故弥觉珍贵。

漆
器

径16.7, 高6厘米

　　木胎，天盖地式。1957年多师
为示范堆漆而作此盒。花纹以傅忠
谟兄所藏清初黄花梨三螭纹透雕圆
片为底稿，用退光漆加生漆及锭儿
粉调成漆灰，在盒面堆起灰层，厚
约8毫米。干后用刀雕花纹，随后
通身上朱漆。此乃用简易的堆红法
来摹拟须上百多道朱漆的剔红。

竹刻

径6.3、高14.6厘米

孤松斜偃，枝干苍古，渊明抚松身，展目远眺，神情闲逸。两坡交处，一童荷酒瓮，插菊花一枝，回顾而行，意欲前导。松右湖石玲珑，露几案一角，陈杯盏数事，案旁置坐墩茗炉。以上景物，刀法简古而形态毕具，但均属画图所应有。惟秋燕一双，颉颃上下，出人意想，信是神来之笔。似喻不为五斗米折腰，乃可徜徉天地间，深得诗人比兴之旨。款识题湖石上，"万历乙亥中秋，小松朱缨制"，行楷精绝。50年代初倾囊购之于丹桂商场古玩店。

余得笔筒时，只觉其刀法、构图，均臻佳妙，意境尤为超逸，刻者定是艺术家兼学人。惟是否确出小松之手，因缺少可资对比之实物，尚不敢遽下定论。直至1966年上海宝山顾村镇朱守诚夫妇墓出土刘阮入天台香筒。构图之美，刀法之精，可叹观止。上有朱缨款识及小松方印。更因入葬年代在万历间，墓地又临近嘉定，故可视为小松之代表作，或标准器。取笔筒与香筒对比，构图虽有繁简之别，但运刀状物，多相同之处。如面目凹突之剜剔，衣纹层次之处理，山石光而多穴，松鳞长而非圆，松干节疤显著，松针攒簇成团，可谓完全一致。故可断定归去来辞笔筒亦为真迹无疑。平生所见刻有朱缨或小松款识者已屈指难数。确信乃其手制者，仅此二器而已。

5.2 明朱三松竹根雕老僧

　　50年代购此圆雕于琉璃厂刘成玉店中。据闻为冯公度先生旧藏。说明见附录二《对"三松制"款竹雕老僧的再认识》。

高17.8厘米

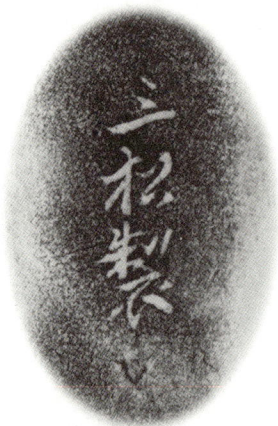

竹刻

● 116

5.3 明乐舞图笔筒

屏前一女蹈足挥袖，翩翩起舞。奏乐者六人，围簇左右，或坐或立，分司三弦、檀板、簧笙、堂鼓、锡锣、横笛诸器。屏后阑干一曲，几案双横，上有瓶荷、犀杯、果盘、囊琴等，旁置兽炉、熏笼，陈设华丽。布局、刀法与现在台北故宫之窥柬图笔筒颇相似。虽精美不及三松，但可断言为明代嘉定竹人之作。

50年代初以微值购自海王村古玩店。

径12.5, 高16.6厘米

径3.4. 高15.8厘米

香筒两端以香草纹为边，铲地阳文平雕，纹与地皆平。筒身镂两螭，昂首奋鬣，张吻吐舌，俯仰相向，身尾跂足，蜿蜒环转，布满全筒。其密镂发鬣，细若游丝，自始至终，萦行无碍，尤叹精绝。图案若此，乃以多种弧线组合而成，螭脊一线为主调，余则其谐音，盖借强弱回荡，深浅抑扬，以展示委婉流畅之美也。香草边多用于明代剔红器边，螭纹常见于明锦、家具等多种工艺。论其时代风格，自是明人精心之制。

50年代购于琉璃厂韵古斋。

5.5 清竹根雕采药老人

长髯一叟，束发岸帻，腰围兽皮，身就山石，半倚半踞。左手执芝，右手抚石，旁置篾篮，斜插竹枝桃实，瑶草琼葩。所写殆采药深山，掘摘已多，适逢佳境，驻足少憩之景。像上敛下广，身躯欹仄一侧，就竹根之形势而定其姿态。山石悉用根盘雕出，留其斑节，以状魂礧多穴之貌，此皆善用竹材之证。篾篮兽皮，皆具纹理，可悟所状物体，咸经精心择取，锋锷用武之地，每见于斯也。圆雕无款，疑出封氏兄弟之手而未署名。其艺术造诣，实可与封锡禄抗衡也。

类此人物题材，世多称之为韩康。惟远古缅邈难稽，与其道是汉代衣冠，曷若视之为明人装束。谓此乃李时珍采药像，孰曰不宜。

60年代初见此像于东华门宝润成，谓系藏家寄售，索值颇昂。议价难谐，藏家收回。一年后复出，索值三倍其原价。不敢再议，如数交付，挟之而归。

高13.5厘米

5.6 清无款山水人物扇骨

长 49.7，最宽 2.7 厘米

扇骨刻园林景色，堤岸堆太湖石，游人策杖其间。曲槛匜台，平桥相接，景物间断处，悉作浅水微波，最上为山峦云树。两股物象大致相同，故为工匠常用画稿，可随意损益，画家自不屑为此。但刻法尚存古意，勾云颇似丁南羽，当为清中期坊间制品，与百年来扇店所售者大异。

5.7 清竹根雕蛙

5.7 × 7 厘米

历年所见竹根蟾蜍多矣,年代有早于此者,而未见有胜于此者。其胜首在形似。人尽知静者刻画易,动者攫捉难。如只状其鼓腹蹲坐,纵能惟肖,未必惟妙。此则扭其躯而曳一足,股肌弹力内蓄,引而待发,是正禾露瀼瀼,有虫飞坠,匍匐欲前时也。故其胜又在得其动态。蛙背假竹根须瘿状其斑点,浓重醒目而未免夸饰,实与真蛙有别。惟缘夸饰,愈见背之嘘翕起伏。不似之似,其神似乎?故其胜终在似而不似。

50年代购于廊房头条一回民所设古玩店,已忘其名。

5.8 清溪堂书水仙诗臂搁

阴文深刻行书三行。文曰:"世以水仙为'金盏玉台,紫宸重器'。刘邦直称其'仙风道骨谁今有,淡扫蛾眉参一枝'。"款字"溪堂"。书法潇洒自如,有恽南田遗意。波磔刀口快利而字底圆熟洁净,甚见功力。据其时代风格,当作于乾隆时期。溪堂何许人,为别名或室名,为书者抑刻者,或书而兼刻,待考。

60年代某春节假日,赴宝坻县访家具,一无所获,仅得此臂搁于塾师老先生家。

31 × 7.5 厘米

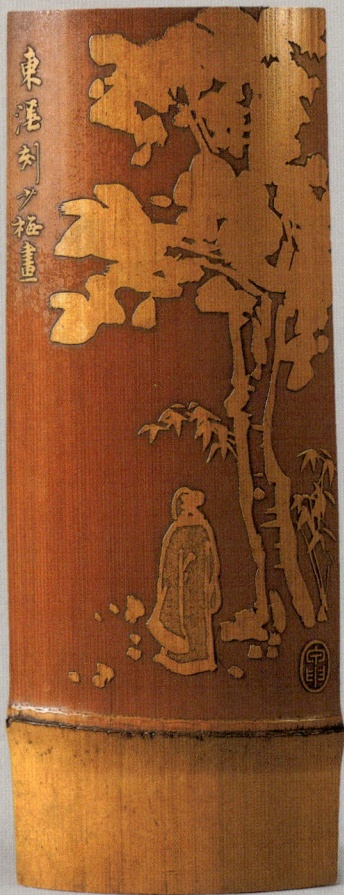

21×8厘米

东溪先生号仲廉,乃襄二舅父。

梧桐以大笔点叶,叶片分又不分,浑而不浑,淋漓墨韵犹存。修竹数竿,枝叶楚楚,备见便娟。人物全部留青,但轮廓之内,薄薄剔去一层,刻法遂见变化。倘亦剔露竹肌,如梧桐树本刻法,不独无以状人物之袍服,且有重复之憾。臂搁以竹节为界,上施雕刻而下留竹筠,任其光素,亦是对比之法。款"东溪刻,少梅画"六字。少梅为北楼先生入室弟子,山水直逼宋人,观此足见其深知刻竹之道也。

1945年12月襄婚后携荃猷拜谒,舅父以此臂搁见赐。

西厓先生乃襄四舅父。扇骨两股，一画三竿，一只垂梢；一景稍远，一近咫尺；一为仰叶，一为俯枝；一有晴姿，一饶雨态；一为阴刻，一为留青；一有题记，一惟小印。种种不同，备见北楼先生之存心变化。而仰叶之爽利，垂枝之柔韧，能刃而出之，又端赖舅父之运刀矣。画刻两精，故有璧合珠联之妙。

扇面姚茫父书，陈东湖画，乃吾舅自用扇。1979年夏授襄于病榻。

长31.5，最宽2.3厘米

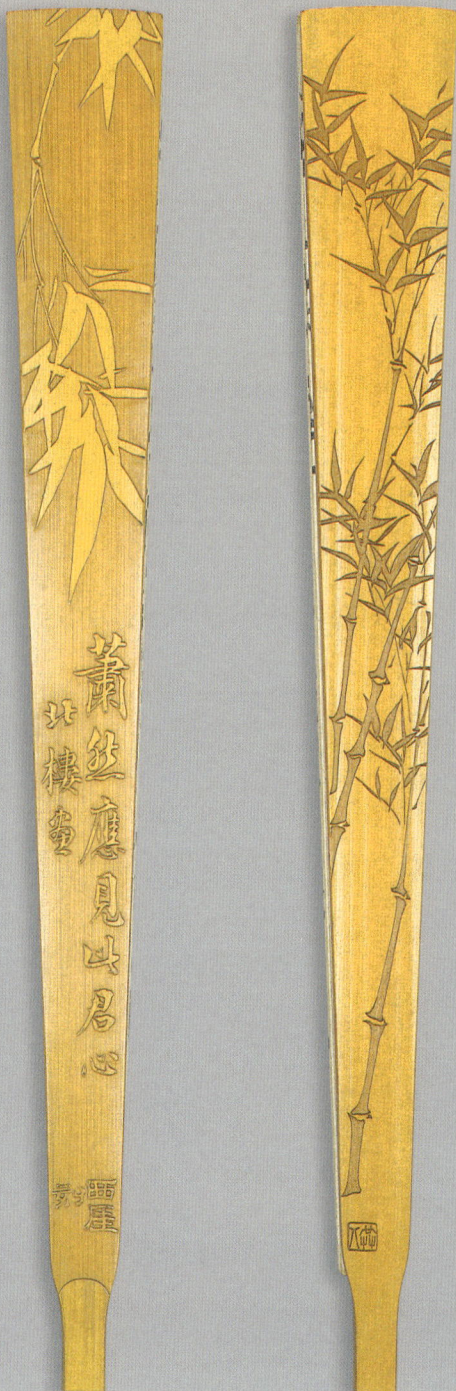

5.11 西厓先生兰萼梅花扇骨

一股刻春兰挺秀于上端，一股邻下刻落梅两花一蕾。无题识、印章。扇骨未装箑面，股内"西厓"火印明显可见。吾舅刻扇骨，均烙火印，且有簿册记编号。襄曾手录一过，收入拙编《竹刻》一书，1992年6月由人民美术出版社出版。惟此书被该社印得恶劣不堪，实在有损国家出版社形象。可恨！可耻！

长33.3，最宽2.5厘米

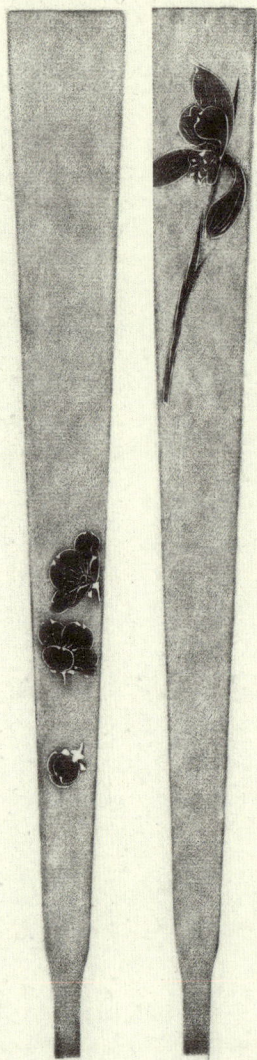

北楼先生画修竹数竿，蕉叶掩映，上有飞燕。石雪先生书行书两行。笔面韩心寿山水，成多禄楷书。

沈筱庄，19世纪初吴县人。《竹人续录》称其"精摹金石文字于扇骨及臂搁"。

此为吾舅自用扇，60年代购于琉璃厂。

长39.9.最宽3.1厘米

河聲如吼終日不已屏息非湾岬卷時，展玩何以解日蓋

數十舒卷所得為不少矣

石雪陋筱庄刻

北楼画

5.13 徐素白刻江寒汀画月季草虫笔筒

径6.1，高11厘米

寒汀先生画于辛丑，1961年。花如浥露，叶若迎风，尤以蜻蜓纤翼，予人闪闪生光之感。画师有功，但非刃巧指灵，不能出之。金坚斋称邓嘉孚刻花卉，"重花叠叶，薄似轻云，而映带回环，秀媚精雅，躁心人固未许问津也"，可以移赠。

5.14 白士风刻启元白画竹石图臂搁

19世纪中叶以后，常州竹人多于沪上。徐素白之后当推白士风。元白兄赐画，蒙白先生欣然游刃。

24.8×7.9厘米

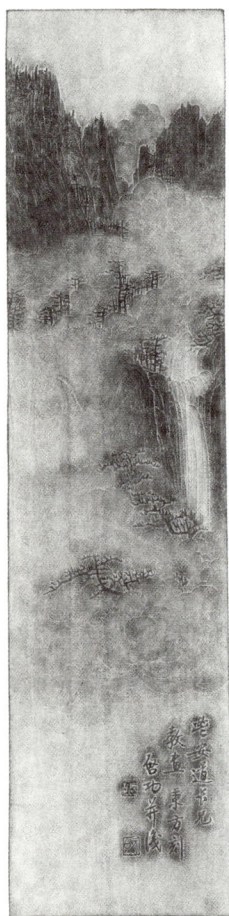

38.3 × 8.5 厘米

元白兄诗画册云瀑一页题曰："变幻无如岭上云，从来执笔写难真。如今不复抛心力，且画源头洗眼人。"命和，愧不能工："一掬清泉涤眼新，白衣苍狗看氤氲。倦来且向山中住，更作源头洗耳人！"一夕持竹简求元白兄画，问曰："愿有何景？"对曰："如画册意境如何？"遂欣然命笔，移时而成。竹简寄秉方，匝月刻成。此臂搁之由来也。

秉方继承家学，专攻留青，四十以后，艺大进。巧用竹筠，有新的突破，不独于见刀处见神采，更求在模糊朦胧不见刀处生变化。不然，对此弥漫渰郁，满幅烟云将不知如何措手矣。

墨拓出老友傅大卣先生之手。

32.5×9.8厘米

画本原为田世光画师巨幅中堂，遥青竟能缩刻于尺简之上，毫发不爽，自然生动，神乎技矣。

竹林景物由近及远有草坡、竹根、竹鞭、竹笋、近枝、近竿、远枝、远竿、雉鸡等许多层次。竿侧并有小小鸣蝉，纤细而繁复。镌镂之难可知。且刻竹异于作画，描绘物象，不得假墨色之浅深，色泽之差异，而只能乞灵于竹筠，将此薄如笺纸之表肤，飞刀刮削，藉多留少留，使阴阳虚实，应物象形，画景遂跃然于简上。惟言之易，刻之大难，大难！

尝以为缩刻画本于竹上，不得视为临摹，实为再创造，未知识者以为然否？

5.17 范遥青刻钱行健画荷塘清趣图臂搁

　　画稿简而有章法。翠鸟、蜻蜓皆生动得神。下端留青，似有似无，葭草荷钱，皆生水中，甚妙。倘刮净，索然无味矣。

28.5 × 7.6厘米

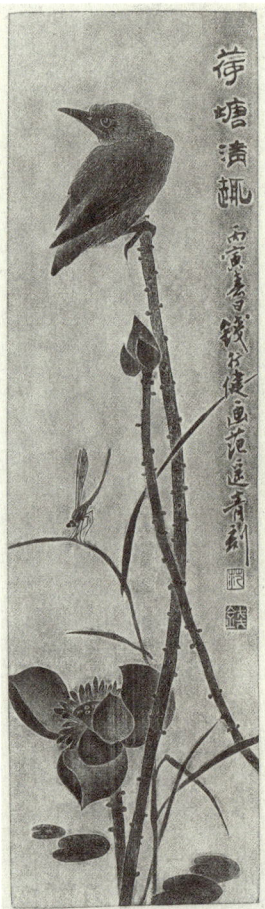

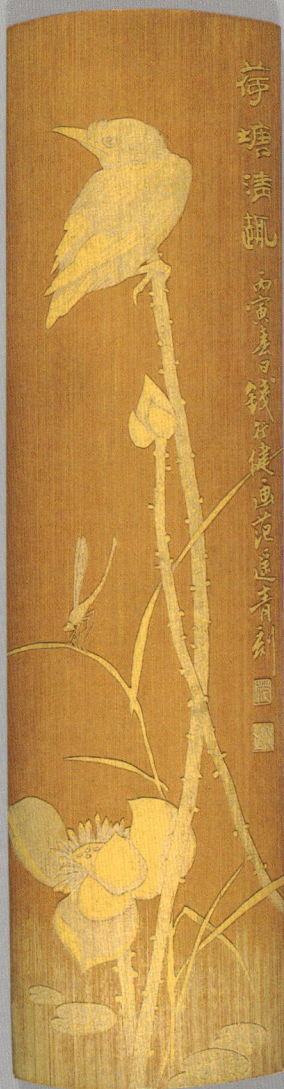

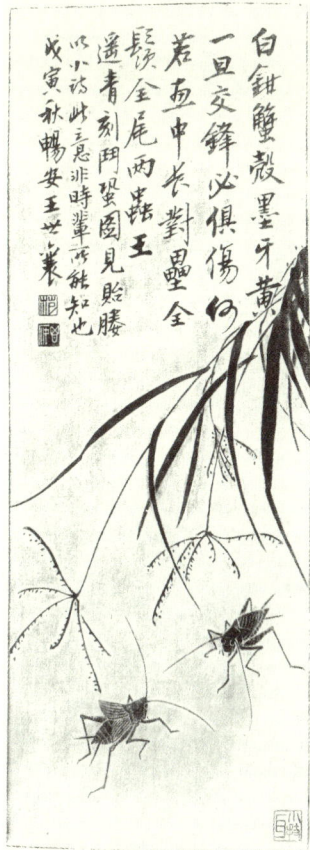

29.8 × 10厘米

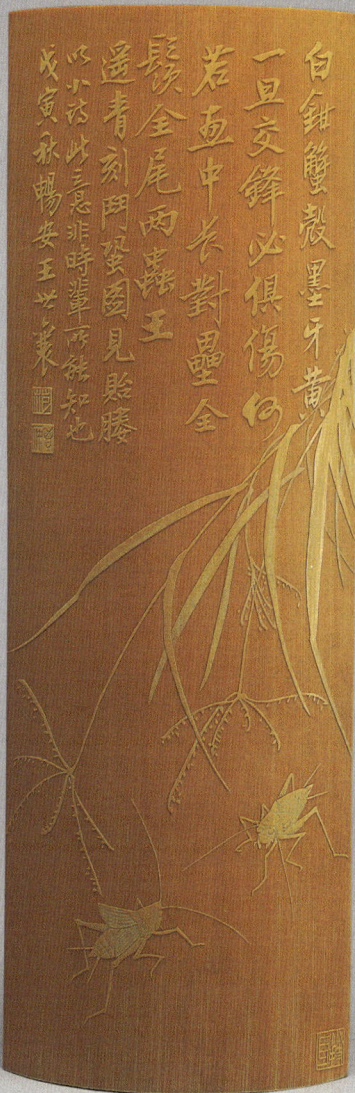

　　遥青来函，言将刻斗蟋蟀臂搁。予以为两虫搏杀，不如双雄对垒，引而不发，以不愿见两败俱伤也。寄画简至，为题一绝句，刻成如上，名之曰"虫王对垒图"。

　　后又引申上意寄遥青："昔年闻赵李卿先生言，某秋得黄蛐蛐，牙如焦炭。陶仲良得蟹青白麻头，钳比霜雪。各七厘许，三秋无敌。立冬后，津沽两客求借，拟携沪赌大注，均遭拒绝，恐两王相遇而互伤也。前辈之爱虫如此。有人告我，今之养者，企冀侥幸获胜，竟有撒食水，烤火电，饲兴奋剂直至海洛因。未分胜负，六足已僵。继以争执，终致斗殴。惟利是图，骇人听闻。不仅虐待动物，且有伤人格，世间败类，有负此虫多矣。可恨！可叹！"

5.19 范遥青刻百合花臂搁

27 × 10.5厘米

　　北楼先生为竹刻作画，每告刻
者曰：某处当浅刻，某处宜深刻，某
处可留青，某处用高浮雕。盖未画
之先，腹稿已完成全图设计。其要
旨在集不同刀法于一器，藉以丰富
其表现力。予曾为遥青道之，遂作
此见寄。其茎叶为留青，花蕾及背
向一花用陷地浅刻，而高起处微微
留竹筠，隐约如薄雾，正面一花则
深刻，已备见其惨淡经营矣。

5.20 周汉生刻王世襄小像

《中国古代漆器》环衬有襄小像,汉生先生取其大略,用高浮雕法刻于简端。见者以为传神阿堵,绝妙!绝妙!

18.2 × 11.1 厘米

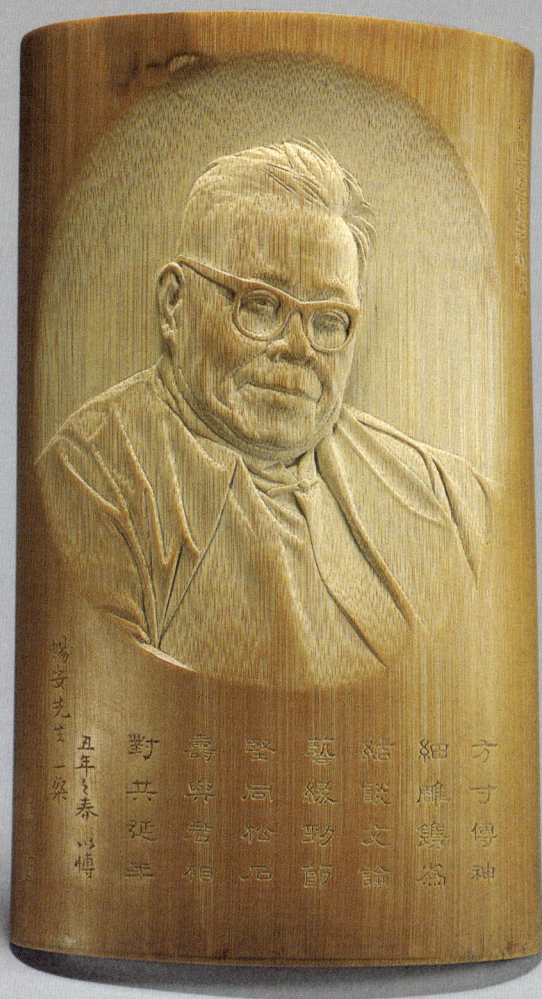

方寸傳神
細雕鑄盞
結緣文論
琴絲剔劑
斲局松石
壽典君相
對共延年

暢安先生一粲

五年己丑泰

5.21 周汉生竹根雕斗豹

汉生先生于汉代铜镇豹得到启示，更易其匍匐蜷卧之静止，攫捉其嬉斗翻滚之瞬间，将张牙噬咬，挥爪抓挠之一双幼兽，刻画得淋漓尽致。谓其简，简到豹身皮毛不着一刀，只假竹根之丝纹须迹见其斑驳。谓其繁，繁到皮下肌肉起伏隐现，仿佛见其颤跳移动，叹观止矣。

汉生先生以"伴此君斋"颜其室。自言得一竹材，常与为伴，相对兼旬或数月，直可对语。待其自行道出可雕制某题材，方施刀凿。故雕刻虽由我，而选题实应归功于此君。室名之取义在此。以上数语，已将先生之创作过程阐发无遗，宜其所作不同凡响也。

高 9 厘米

竹
刻

21.5×6.6厘米

说明见附录三《农夫偏爱竹，茧指剔青筠》。

金西厓先生小像（六十岁）

金西厓先生在园中小憩（八十五岁）

書

畫

6.1 清甘士调松鹰图轴

94.5×154.4厘米

绝本设色。1942年2月（壬午年元宵前数日）游厂甸，经博韫斋，萧虎臣先生出迎，同往火神庙，于东庑见此大轴。苍鹰立松巅，神俊非凡。时予正耽鹰狗，喜之甚，以数十元购归。款在右上角，"凤矶山人甘士调指头生活"十一字，下"甘士调"（白文）、"怀园"（朱文）两印。初不谂其为何许人，后于《熙朝雅颂集》见甘运源《先伯怀园先生指画歌》，始略知其生平。1953年就职音乐研究所，携画至城北十间房。新得铁力木大画案，不碍画轴舒卷，遂录运源长歌于画两侧。歌曰：

古今称画手，代有人能工。从无摹物不用笔，指爪和墨成奇功。国朝画创世始见，作者高公继我公（指画起于明，且固穷极其妙，先伯亲承指授）。余子纷纷不足道，因人成事非英雄。忆昔吾家全盛日，公亦萧爽英少年，豪情逸致真无前，态如俊鹘摩青天。挟弹走马云锦鞯，信陵快饮连十日，刘毅一掷恒万钱。弱冠出为治河吏，上官待以不器器。公子斯时善挥霍，视酒如浆肉如薹。后堂丝竹卷帘看，吴儿十辈争回盘。饮食鲜美被縠纨，蛾眉姣好秀且端。就中最小善登坛，织金缕衣绣屈蟠，不惜千金恣一观。胸中黄淮知渊濂，坐作长堤御急湍。朝饮不令酒尊尽，晏饮何曾蜡泪干。公子斯时醉落墨，妖童盎子纷在

局部

側。紫燕苍鹰信手成，郭索蹒跚上盘席。后来流落老且穷，敝衣鹑结悬秋风，舞女遣去嫁厮养，歌童皆已成龙钟。十指如锥欲仰食，画不通灵谁复识。绢素辗转穷市中，一幅青蚨百文值。往时豪气尽消除，江河不返竟何如！我公已没画已无，公之二子皆泥涂。大兄时然能继业，仰天一笑髯满颊。小弟生艺亦佳，丹青粉墨廊房街。君不见，康熙中年

大父行，乘时显宦声朗朗。曾祖大节照日月，滇南庙祀千秋光。祖宗勋业何由继，文艺声名早自强。

录后又题数行于画下：

甘怀园，名士调，正蓝旗人，高其佩弟子，以指画名。观上诗"紫燕苍鹰信手成"句，知怀园乃善于写鹰者。而若非曾挟弹走马，亲臂锦鞲，亦不克尽此苍身侧目之情也。癸巳十月畅安王世襄书于俪松居，时

距得此画于厂肆巳十一年矣。

注：

甘运源，亦名源，字道渊，号啸岩，甘文焜曾孙。善诗古文词，工行草书及篆刻。官至广东巡抚，有《长江万里集》、《西域集》。

甘文焜，字仲明，一字炳如。其先丰城人，徙居辽东，隶汉军正蓝旗，官至云贵总督。吴三桂蓄异志，文焜多所裁抑。三桂反，自刎死。谥忠果。有《汇草辨疑》。

6.2 北楼先生山水团扇

径20厘米

绢本设色，画松壑流泉。款识："己酉六月陶陶三妹属，兄城。"朱文"金城"小方印。己酉为宣统元年，公元1909年，先生三十二岁。

短屏四条，先慈手付装池，每条书画各一。此扇与荣文楷书谢希逸《月赋》为一扇之两面，合裱成一条。"文革"中，家藏书画全部被掠去，不知此条后竟流入市场。究竟是查抄中有人袖之而去，抑入库后有人挟之而出，已不可问。白松先生性情高雅，耽书画，富收藏，知此条原为吾家物，持以见赠。深感高谊，不知如何言谢也。

中国画学研究会1920年摄于中山公园

前排左起：3金城（北楼）、5周肇祥（养厂）、6陈汉第（仲恕）、8金章（陶陶）。

中排左起：2李上达（达之、五湖）、3刘光城（子久、饮湖）、4李瑞龄（鹤筹、枕湖）、5吴熙曾（镜汀、镜湖）、6胡佩衡、7管平（仲康、平湖）。

后排左起：1常斌卿、2马晋（伯逸、云湖）、4陈咸栋（东湖）。

6.3 北楼先生荔枝图轴

46 × 122 厘米

纸本设色。题识："玉液乍凝仙掌露，绛苞初结水晶丸。陶陶三妹，索余近作，适前日自亦诗盦中归来，仿石田翁法，成此荔枝一帧，即以奉贻。年来吾妹画学猛进，令人生畏，幸有以教我。兄城，癸丑六月。""吴兴金城巩伯书画印"白文方印。

癸丑为1913年，北楼先生三十六岁。世襄出生前一年。

6.4 北楼先生夜合花轴

纸本水墨，题识："市有卖夜荷花者，疑即夜合之误，戏为写出。甲寅闰五，北楼"。"金拱北"朱文方印。

作于1914年，北楼先生三十七岁。闰五月襄方满月。

33×64.5厘米

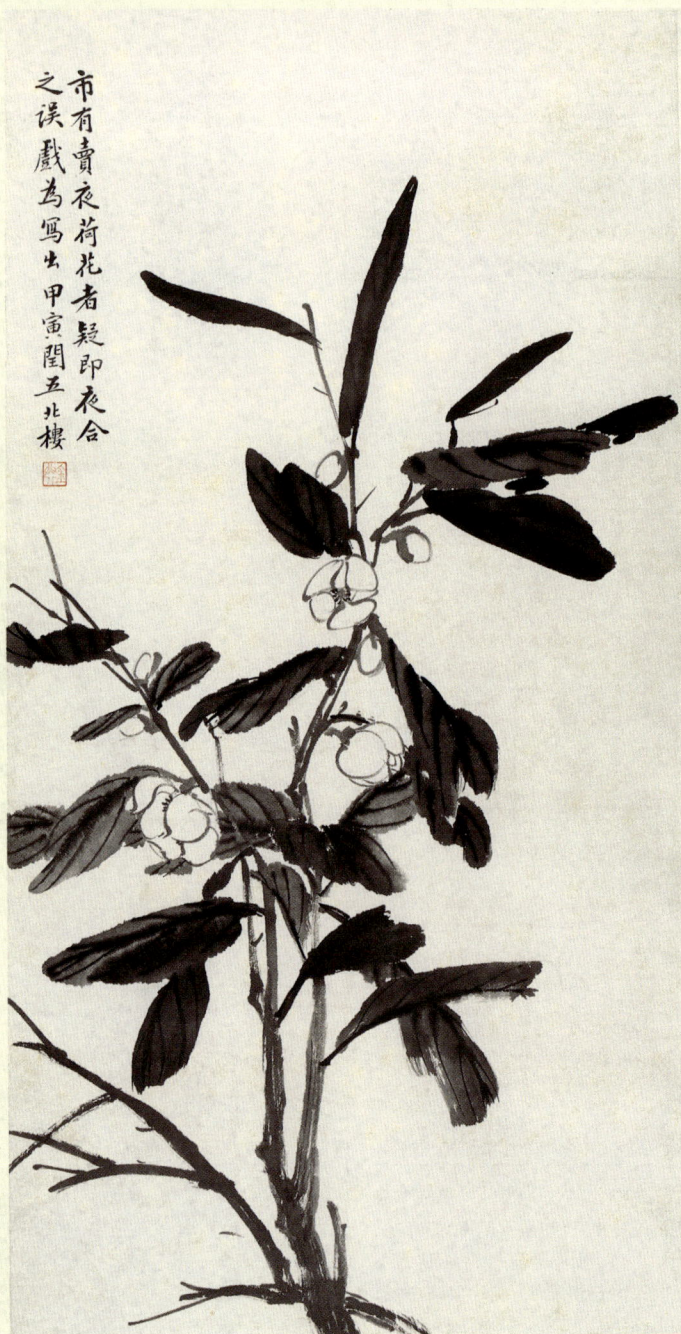

6.5 北楼先生山水团扇

径 19.8 厘米

绢本设色。款识："陶陶三妹属画，兄城。""拱北"朱文方印。背面乙卯五月陈彀銮太姑丈书所作游大房山、云水洞七言古体诗两首。画扇未署年月，可能亦作于是岁。

145

6.6 北楼先生菊花轴

纸本设色。题识："述勤妹倩，卜宅方家园，距寓斋仅隔数武。喜昕夕之过从，悦亲戚之情话，京邑风尘，不减浔阳清况也。因写丛菊一帧贻之，聊寓靖节开径望三益之意云尔，并希陶陶三妹粲政。丙辰四月上浣，北楼金城题记。""金绍城私印"白文、"北楼所作"朱文方印。右下角"墨茶阁"朱文方印。

作于1916年，北楼先生三十九岁。

64 × 130 厘米

45×136.5厘米

32×131厘米

纸本水墨，题识："戊午十月二十日，藕庐画付善贻二甥雅玩。""北楼"朱文、"金城之钵"白文方印。

亡兄世容，1910年生于法京，幼名巴黎，号善贻，敏而好学。襄则行无好步，业荒于嬉。

1920年猩红热流行，受我传染，兄竟夭折。亲友乃谓："不幸死了好的，淘的倒没有事儿！"此后襄更受母钟爱，竟至嬉戏无度。1918年舅父作此帧付善贻，是年四十一岁。

纸本设色。题识："陶陶女弟，巩伯画。""金城私印"白文，"一字拱北"朱文，两方印。

此舅父赠先慈花卉屏条之一，今存三幅。湖石牵牛一条只钤一印。意当年至少有四条，盖尚未全部完成者。作画年代约在1920年前后。

147

32×131厘米　　　　　　　　32×131厘米

纸本设色。无题识，仅钤"巩伯画"朱文印一方。

舅父赠先慈花卉屏条之一。

纸本设色。题识："烟条涂石绿，粉蕊扑雌黄。北楼写白太傅句。""金绍城私印"、"金拱北"两白文方印。

舅父赠先慈花卉屏条之一。

6.11 北楼先生天台石梁图轴

51.5 × 114 厘米

　　绢本青绿。题识："天台石梁，未经寓目。意造斯境，以供卧游。巩伯金城。""金城"白文、"经郛"朱文两印。左下角"藕庐"朱文方印。约作于四十岁至四十五岁之间。

6.12 北楼先生拟云林山水轴

绢本水墨。题识:"水竹居图为云林杰作,着意摹拟,转觉有斧凿痕。岂如南田所云,当于不似处求之耶。金城。""北楼所作"朱文方印。

先慈手付装池,签题"乙丑夏",舅父作此在 1925 年之前。

33.8 × 65.2厘米

40 × 102 厘米

绢本水墨。题识："皅树寒鸦。戊申仲夏归安女士金章。""陶陶"朱文圆印。右下角"陶陶任行乐"白文方印。

作于 1908 年，先慈二十五岁。

书画

汝等比丘已能住戒當制五根勿令放逸入於五欲譬如牧
牛之人執杖視之不令縱逸犯人苗稼若縱五根非唯五欲
將無涯畔不可制也亦如惡馬不以轡制將當牽人墜於坑
埳如被劫害苦止一世五根賊禍殃及累世為害甚重不可
不慎是故智者制而不隨持之如賊不令縱逸假令縱之皆
亦不久見其磨滅此五根者心為其主是故汝等當好制心
心之可畏甚於毒蛇惡獸怨賊大火越逸未足喻也譬如有
人手執蜜器動轉輕躁但觀於蜜不見深坑又如狂象無鉤
猿猴得樹騰躍踔躑難可禁制當急挫之無令放逸縱此心
者喪人善事制之一處無事不辦是故比丘當勤精進折伏
汝心汝等比丘受諸飲食當如眼藥於好於惡勿生增減趣
得支身以除飢渴
己酉中秋金章時客宣南

34.5×54厘米

纸本楷书。款识："己酉中秋金章时客宣南。""陶陶"、"金章书画之印"均白文方印。

闻先慈言："幼年与你舅父等同在家馆就读。一日外公看望塾师，告曰：'诸子作文写字，务请严加管教。小女等则不必太认真，学好也无大用。'我和你二姨闻听甚为不平。从此临池倍加努力，立志把字写好。结果二姨和我都比你二、三、四舅写得好。"此帧先慈书于1909年，时年二十六岁。小楷有晋唐人风，功力深厚，巾帼中实罕见。

6.15 陶陶女史金鱼轴

檀槛粉堵摇鱼影此和靖先生詠西湖句也
偏寓巴黎偶寫此意令人油然動故國之思
公度先生雅令即政 辛亥二月陶陶金章

先慈作此軸
於辛亥革命
前夕僑寓巴
黎賞時政事
紛蕩故有故
國之思也
丁丑重陽
王世襄敬題

30 × 52 厘米

庚戌冬十月造于巴黎 陶誌

绢本设色。题识："'檀栌粉堵摇鱼影'，此和靖先生咏西湖句也。侨寓巴黎偶写此意，令人油然动故国之思。公度先生雅令即政。辛亥二月陶陶金章。"

"紫君"白文方印。

1997年秋傅万里持此轴来，代人乞题。题曰："先慈作此轴于辛亥革命前夕，侨寓巴黎。当时政事纷荡，故有故国之思也。丁丑重阳，王世襄敬题。"2000年冬，又经傅万里代为购得此轴。

153

6.16 陶陶女史北楼先生俞涤烦合作鱼石桃花轴

绢本设色。款识："庚申秋日陶陶金章写鱼藻。""金章"朱文方印。"拱北画桃花。""金城"、"巩伯"朱文两方印。"俞明补石。"朱文方印。

作于1920年，先慈三十七岁。此帧三人合作，而全图构思当出北楼先生。其程序为北楼先生先用朽炭勾湖石轮廓并画桃花，请涤烦先生依构图设计用重青画之。最后先慈画鱼藻及染水。波明鱼活，花石前后掩映，浓艳而沉着，秀丽而厚重，此画所难兼，实妙手偶得之作。

48.3×119厘米

54×96.9厘米

绢本设色。题识："于以采藻，河水洋洋。潜虽伏矣，宛在水中央。庚申秋九月，集葩经题奉麟阁先生大雅正。吴兴金章写于宣南。""陶陶"白文方印。右下角"金章书画之印"白文方印。

作于1920年，先慈三十七岁。

62.5 × 42 厘米

绢本设色。款识:"陶陶画马。""金氏陶陶"白文方印。"拱北画草坡。""巩北"白文方印。"涤烦补树。""涤凡"白文方印。

作于 1920 年前后。

32×131厘米   47×169厘米

　　纸本设色。题识："水鸥一种，产近北极。瑞典人弋为衣帔，吾华则罕所觏也。往岁游欧洲时曾经寓目，戏图小帧。吴兴金章。""陶陶"白文方印。

　　无作画年月，约绘于1925年前后。

　　纸本设色。题识："浑沦元气自全天，灌溉功深敢息肩。为种良因收善果，蕃生瓜瓞永绵绵。耀堂先生雅正，乙丑冬月吴兴金章。""陶陶墨戏"白文方印。

　　作于1925年，先慈四十二岁。

6.21 陶陶女史牡丹菊花图轴

纸本设色。款识："丙寅春仲，
吴兴金陶陶女士写。""王印金章"
白文方印。两花不同时，随意写之，
不受节令限制，亦雪中芭蕉意也。

作于1926年，先慈四十三岁。

31 × 99厘米

65 × 131 厘米

纸本水墨。款识："丁卯仲夏
吴兴金章作。""金氏陶陶"白文方印。
作于 1927 年，先慈四十四岁。

6.23 陶陶女史杨柳葡萄鸲鹆图轴

64.7 × 132 厘米

纸本设色。题识："戊辰夏六月仿宋人设色法。吴兴金章作于宣南。""陶陶"白文方印。

作于1928年，先慈四十五岁。

38.5×55.2厘米

绢本设色。款识："戊辰秋九
月吴兴金章作于宣南。""陶陶"朱
文方印。

作于1928年，先慈四十五岁。

局部

40 × 166 厘米

纸本设色。题识:"雀喧禾黍熟。己巳仲秋吴兴金章画。""金陶陶画印"朱文方印。

作于1929年,先慈四十六岁。

46×171厘米

46×171厘米

　　纸本设色。花鸟屏之一，因病未完成，亦未题款。约作于1930年前后。

　　纸本设色。花鸟屏之一，因病未完成。亦未题跋。约作于1930年前后。三舅父之子，表兄金勤伯曾临摹此幅。

书画

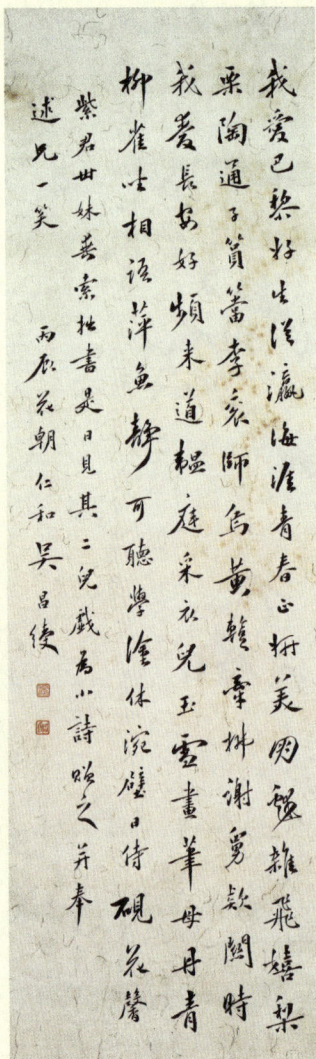

27.5×39.5厘米

世容世襄在父亲怀抱

幼年王世容

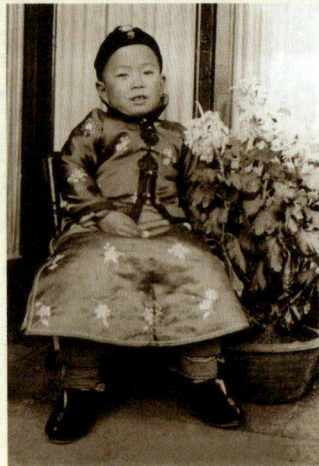

幼年王世襄

伯宛先生手书五律两首，纸本行楷。诗曰：

我爱巴黎好，生从瀛海涯。青春正妍美，朋戏杂飞嬉。梨栗陶通子，箕箒李衮师。乌黄鬒牵拂，谢剪款关时。

我爱长安好，频来道韫庭。采衣儿玉雪，画笔母丹青。柳雀坐相语，萍鱼静可听。学涂休浣壁，日侍砚花馨。

紫君世妹垂索拙书，是日见其二儿，戏为小诗赠之，并奉述兄一笑。丙辰花朝仁和吴昌绶。

"伯宛"、"昌绶"朱文两方印。

兄世容，幼名巴黎，不幸早逝。"瀛海涯"言兄生于法京。五六两句，典出陶渊明诗"通子垂九龄，但觅梨与栗"及李义山诗"衮师我骄儿，美秀乃无匹"。"谢舅"谓北楼先生，因来叩门而牵系家犬。

襄生于北京，幼名长安。柳雀、萍鱼，谓先慈工绘事。"学涂休浣壁"，因见襄随地涂鸦，须防画到墙上。可见当时顽皮相已毕露。"紫君"，先慈四十岁前曾用别名。

昌绶先生字伯宛，号甘遯，又号词山、印丞，晚号松邻，室名双照楼，浙江仁和人。工诗词，为近代藏书家及校勘家，有《松邻遗集》十卷传世。伯宛先生长北楼先生十岁，在京时颇多交往。

说明见附录四《五十年前书画缘》

堪咲浮生百可憂
能専一
藝亦良謀
辭承腠未礎揮
毫變燒聽千峯萬壑秋

暢安世譜雅品
壬午十二月石雪居士綵宗浩寫

30 × 256.5厘米

　　石雪先生名宗浩，字养吾，北
楼先生画友，中国画学研究会评
议。行楷师赵松雪，画竹宗文与可，
有景卷轴，每取法夏仲昭，均独步
当时。居东琉璃厂小巷内，予常趋
求教。1942年秋《高松竹谱》甫摹
就，先生即赐题。是年冬，又赐墨
竹卷。题曰：“堪笑浮生百可忧，能

专一艺亦良谋。解衣槃礴挥毫处，
恍听千峰万壑秋。”画山夹奔泉，三
叠而下，左右直节斜竿，疏枝密叶，
展卷便觉秋声盈耳也。

　　先生精鉴别，富收藏，1957年
谢世。遗愿全部书画文物捐赠国
家，现藏故宫博物院。德劭艺高，令
人敬仰。

6.31 溥雪斋山水轴

溥雪斋贝子，一夜掷骰，府邸易主。买宅西堂子胡同，庭院深深，不下四五进，旁有园，前有厩，仍是京华豪第。再迁无量大人胡同一宅中院，已僦居而非自有矣。

1942年，雪斋先生在辅仁大学艺术系任教，拙编画论将脱稿，曾思趋谒求教。偶过其门，见家人护拥先生登车，颇具规仪，使我不敢再有拜见之想。

1945年自蜀返京，于伯驹先生座上识先生。时弓弦胡同常有押诗条之会，后或在先生家及舍间举行，论诗猜字，谈笑已无拘束。饭后忆先生为述往事。百年前太极宗师杨露禅在府护院时，绝技如何惊人。有异人入府，炫其术，桌上扣牌一副三十二张，任人翻看，张张是大天，被逐出。盲艺人代人守灵，忽闻谎报"诈尸"，惶恐中导致种种误会，令人发噱。单口相声有此段子，而先生娓娓道来，引人入胜，与相声雅俗迥异。一次宫中失火，飞骑往救。入宫门见院中白皮松被焚，树多油脂，火势甚炽。此时万万想不到先生竟喊出一句："那个好看！"以从未见过如此壮丽之火树银花也。以上足见先生语言艺术造诣极高，诙谐可爱。

无量大人胡同距芳嘉园不远，先生有时徒步来访。入门即坐临大案，拈笔作书画。得意时频呼："独！独！""独"为伯驹先生口头语，意近今日之"酷"。今存小帧兰草、山水、行楷等皆先生当时所作。荃猷画鱼，亦曾即席为补水藻落花。先生之天真可爱又如此。

过从渐多，始知诗书画外，先生擅三弦，伴奏岔曲子弟书。曾从贾阔峰学琴，荒芜已久，而心实好之。知荃猷从管平湖先生学琴，烦为弹奏。不数月，平沙、良宵，先生已能脱谱，绰注无误。旋与查阜西先生、郑珉中兄游，琴大进。梅花、潇湘等曲，皆臻妙境。于此又见先生之音乐天才。

六七十年来，先生无时无刻不寄情于文化、艺术，深深融入其中，其乐无穷，而家境则日益式微。60年代初，曾见先生命家人提电风扇出门，易得人民币拾元。为留愚夫妇共膳，命家人赊肉，并吩咐"熬白菜，多搁肉"。使我等不敢、亦不忍言去。而此时窥先生，仍怡如也。

其旷达乐观又如此。先生实为平易天真，胸怀坦荡，不怨天、不尤人之真正艺术家。当年以仪表相人，大误！大误！

"红卫兵"猖狂时，先生携弱女出走，从此杳无消息，不知所终。一度欣闻无恙，谓先生匿身东陵，后

31.5 × 62 厘米

6.32 溥雪斋空谷幽兰轴

32 × 100 厘米

知为讹传。

拨乱反正后,市文史馆为先生开会追悼,襄曾撰联:

> 神龙见首不见尾,
> 先生工画复工书。

殊不惬意,以先生书画早负盛名,尽人皆知,毋庸再及。顷以为不如易为"先生能富亦能贫"。但终不当意,以未能道出先生可敬、可爱之性情品格也。

多年来,愚夫妇以为平生交往中,先生实为最使人感到率真、愉快之良师益友之一,至今仍不时想念。遇有赏心乐事,美景良辰,法书名画,妙曲佳音;甚至见到近日妄人俗子,荒诞离奇,弄姿作态,不堪入目之作,均不禁同时说出:"要是雪斋先生在,将作何表情,有何评论。"于是幡然一老,又呈现眼前。

雪斋先生,入我深矣!

此帧纸本水墨。款识:"拟九龙山人用笔,邑愛先生法正,雪斋溥忻。""溥忻长寿"、"山可一窗青"两印。

右纸本水墨。款识:"畅庵道兄清品,丁亥嘉平,雪斋写。""雪斋长寿"、"南石书画"两印。左荃猷画鱼、雪斋先生补落花水藻,均作于芳嘉园宋牧仲紫檀画案案头。

169

6.33 朱豫卿书文赋附书札卷

书画

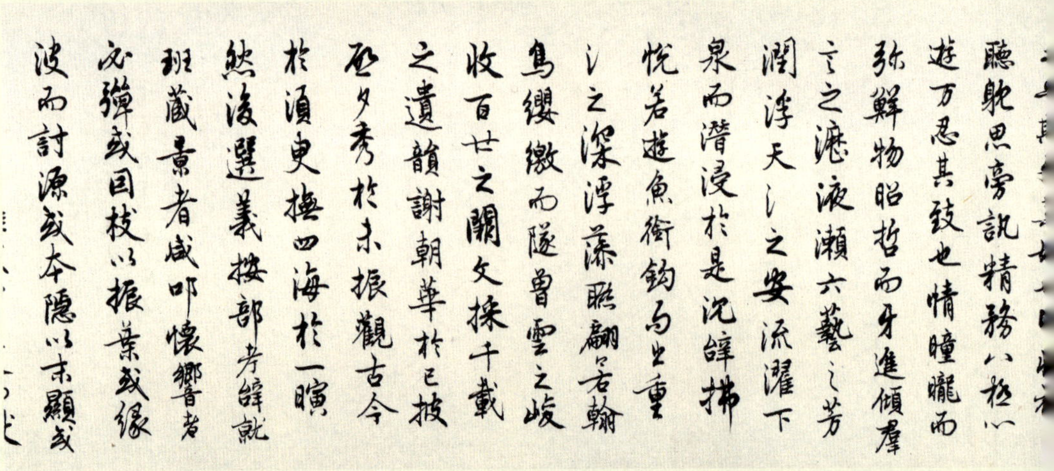

聽耽思旁訊精務八極心
遊万忍其致也情曈曨而
彌鮮物昭晳而互進傾群
言之瀝液漱六藝之芳
潤浮天淵之安流濯下
泉而潛浸於是沈辭怫
悅若遊魚銜鉤而出重
淵之深浮藻聯翩若翰
鳥纓繳而墜曾雲之峻
收百世之闕文採千載
之遺韻謝朝華於已披
啟夕秀於未振觀古今
於須臾撫四海於一瞬
然後選義按部考辭就
班藏景者咸叩懷響者
畢彈或因枝以振葉或緣
波而討源或本隱以之顯或

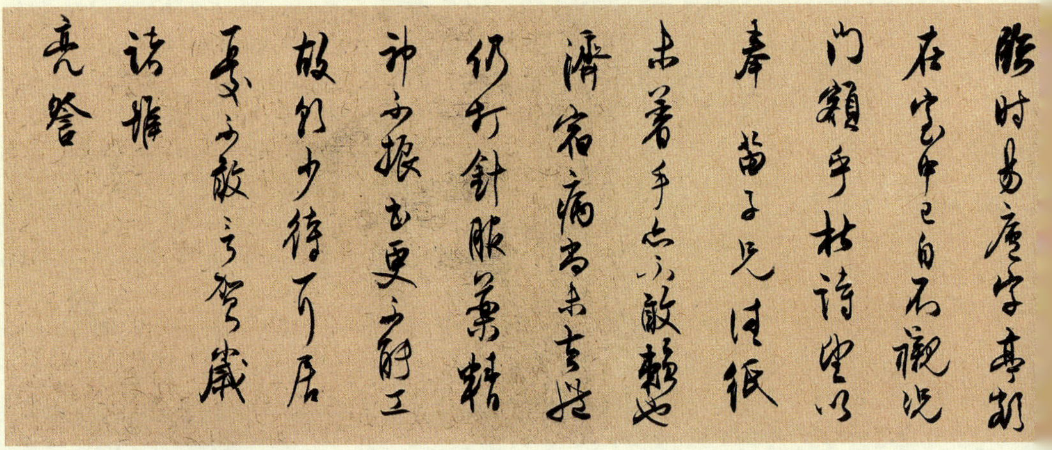

臨时为庐字平斟
在告中已自不覌况
门额乎 杜诗望以
奉 翁子兄 佳纸
未着手亦不敢轻也
济宿病尚未全瘥
仍行针服药 精
神不振 书更不能工
故须少待可居
夏秋之交亦不敢
请推
亮詧

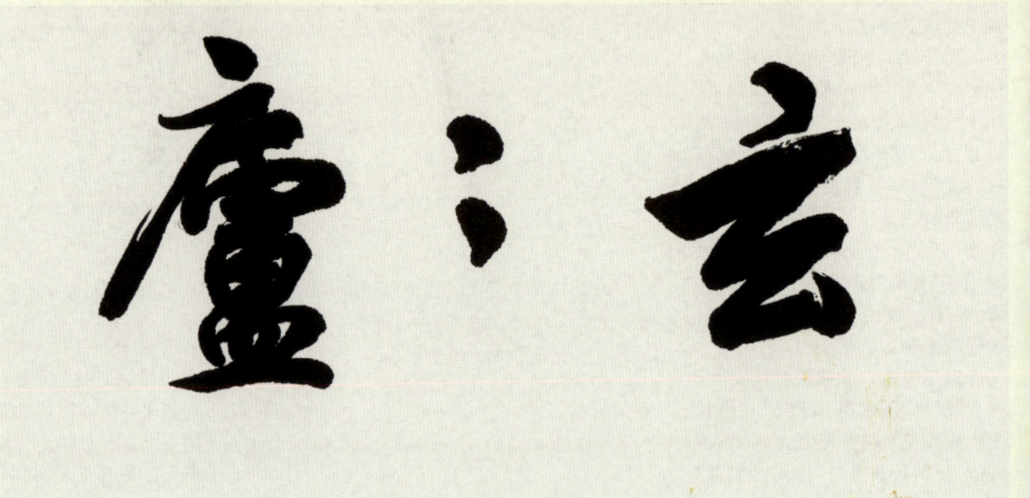

云廬

文賦

余每觀材士之作，竊有以得其用心。夫其放言遣辭，良多變矣，妍蚩好惡，可以而言。每自屬文，尤見其情。恆患意不稱物，文不逮意。蓋非知之難，能之難也。故作文賦以述先士之盛藻，因論作文之利害所由，他日殆可謂曲盡其妙。至於操斧伐柯，雖取則不遠，若夫隨手之變，良難以辭逮。蓋所能言者具於此云。

佇中區以玄覽，頤情志於典墳。遵四時以歎逝，瞻萬物而思紛。悲落葉於勁秋，喜柔條於芳春。心懍懍以懷霜，志眇眇而臨雲。詠世德之俊烈，誦先人之青芬。

文赋 25.5 × 525.5 厘米

信札 19.8 × 128 厘米

玄玄庐 25.5 × 72 厘米

朱家济，字豫卿，季黄之长兄。精于鉴古，博学工书，民初即受聘故宫博物院为专门委员。自任职浙江省文管会，来京省亲时始得相聚。1956年音乐研究所为记录文管会所藏虞和钦遗琴，遣我前往，与豫卿兄喜有数日之聚。谈今说古，泛艇看山，快慰平生。

1959年辑录油印《画学汇编》，收稀见画籍数种，豫卿兄为题书名，大为拙作增色。

1965年初，豫卿兄惠寄手书《文赋》，逾五米，乃平时日课，足见功力之深。又赐斋额"玄玄庐"三字，谓我之所藏，可以当之。窃以为"玄玄"可理解为"众妙"，亦可理解为"莫名其妙"。拙藏琐琐碎碎，皆人舍我取，无关紧要之物，取意自以后者为是。末附信札，信手挥毫，尤为精妙，可谓冠绝当时。名家见之，亦当退避三舍。多年什袭，近始装成长卷。

"文革"中豫卿兄备受折磨，抱恨以终。平日临池所用紫檀画桌，在世时已捐赠浙江省博物馆。四面平式，浮雕螭纹，为琴家叶诗梦所遗，流传有绪，信是明制重器（见拙编《明式家具珍赏》109）。数年前再游杭州，于展室中见之。桌案无恙，哲人云亡，不禁怆然涕下也。

6.34 惠孝同黄山图轴

惠兄孝同，名均，满洲耆寿民先生（龄）哲嗣，号晴庐、柘湖，北楼先生入室弟子。承家学，文学书画，幼年已造诣不凡。舅父逝世后，兄仍来我家，称先慈曰"三姑母"，视我如幼弟。相交数十年，恃爱曾有不情之请，兄屡我无难色。忆1945年自蜀返京，见兄斋中有鸂鶒木画桌，长而宽，两面抽屉各四具，铜饰錾花镀金。爱其精美壮丽，谓兄曰："吾将完婚，愿室中有案如兄者，不知许我求让否？念兄每日踞之书画，不敢启齿。"兄竟欣然同意，依当年购置之值见让。两年后，襄对明、清家具渐有认识，知画桌用材为新鸂鶒木，晚清时物，不能作为明式实例。恰于此时喜得宋牧仲所遗紫檀大案，亟欲陈之于室，苦无地可容。于是据实告兄，并曰："倘尚无适用之案，鸂鶒木一具，可否仍归兄有？"兄曰："我虽已有案，为祝贺新获重器，前者愿依原值收回。"先严闻知，怒而呵责："真不像话，喜欢时夺人所好，不喜欢时又要求退回，对朋友怎能如此！"又曾为买家具，向兄借二百元，两年后始还清，币已贬值。今日思及，犹不觉颜报。

1976年春，为舅父西厓先生整理《刻竹小言》，缮写成帙，孝同兄为题四绝句于卷首：

> 墨茶阁里早春时，
> 争挽朋侪谒画师。
> 五十六年弹指过，
> 惊心剩我鬓如丝。

余十九岁从金北楼先生学画，今年七十有五，旧日同窗，凋零殆尽矣。

> 游刃挥毫事岂殊，
> 两周双沈浏三朱。
> 东行过沪犹如昨，
> 问艺曾趋可读庐。

明清刻竹名家朱松邻祖孙，沈汉川兄弟，周芷岩叔任，皆工绘事。当代则推北楼先生介弟东溪、西厓两先生，有《可读庐竹刻集》行世。丙寅春随北楼先生东游，道出沪上，曾向西厓先生请益。

> 竹人两录有遗篇，
> 未与金针度刻刊。
> 五百年来传绝学，
> 小言字字是真诠！

金坚斋、褚松窗所著《竹人录》，仅叙史传，今读西厓先生《刻竹小言》，理论叙述，阐究独详。竹雕艺术，不坠于世，端赖是书矣。

> 核器楂文细剪裁，
> 博通今古爱君才。

34 × 76.3 厘米

6.35 蓝玉崧草书轴

玉崧兄，狂生也！奇人也！谓其狂，常白日卧床，夜则挥毫、镌印、读书、属文。或竟夕作狂草，纸百幅，尽书之。谓其奇，本专修畜牧兽医，而潜心治音乐史，通乐理音律。任中央音院二胡导师，从不操弓示范，全凭耳听口授。海内二胡名家，多曾受教，每经指点评说，必大进，莫不心悦诚服。究其根源，盖聪明绝顶，治学习艺，随心所至，已高人一筹，以致生活起居，亦但期适意任情，无拘无束，常人未免觉其狂而奇矣。

玉崧兄之可爱可敬，尤在其为人。秉性诚鲠，刚正不阿。"反右"、"文革"期间，为国为民，坚持真理，竟遭诸小诬罔，令人愤慨不平。故当1996年春闻兄噩耗，撰联如下：

诚愚定可羞魑魅，
健笔真堪泣鬼神！

此幅书李白《拟古十二首》之八首八句："月色不可扫，客愁不可道。玉露生秋衣，流萤飞百草。日月终销毁，天地同枯槁。蟪蛄啼青松，安见此树老。"殆因纸已不能容全诗，故戛然中止，亦未署名钤印。虽欠完整，而笔走龙蛇，不越法度，似胜其更为酣狂之作。

蓝玉崧正在挥毫

44 × 86.5厘米

外家宅相原虚诞，
多艺全从笃学来。

王兄畅安为西厓先生令甥。金氏一门均以画名。畅安承母教，究心画理，旁及髹工梓人之艺，且能于鲍端火绘文图，皆与竹刻相通。故《小言》定稿，畅安任编次缮正之役。丙辰清明，畅安兄以手录《刻竹小言》命题，率成四绝句求教，并呈西厓先生诲正。长白柘湖惠均拜草。

此亦兄与襄一段翰墨因缘也。
四绝句曾在拙编《竹刻》一书中印出。惟此书被人民美术出版社印得恶劣不堪，该社自惭形秽，未公开发行，故知孝同兄题诗者甚少。
孝同兄曾赠我山水数帧，十年浩劫，均已散失。萨君本介偶见此小轴，特购赠以慰我怀故之思，盛情可感。小轴本游山速写稿画成，乃写生之作，似曾参酌王履华山图笔意，故非吾兄本来面目，尤足珍贵。

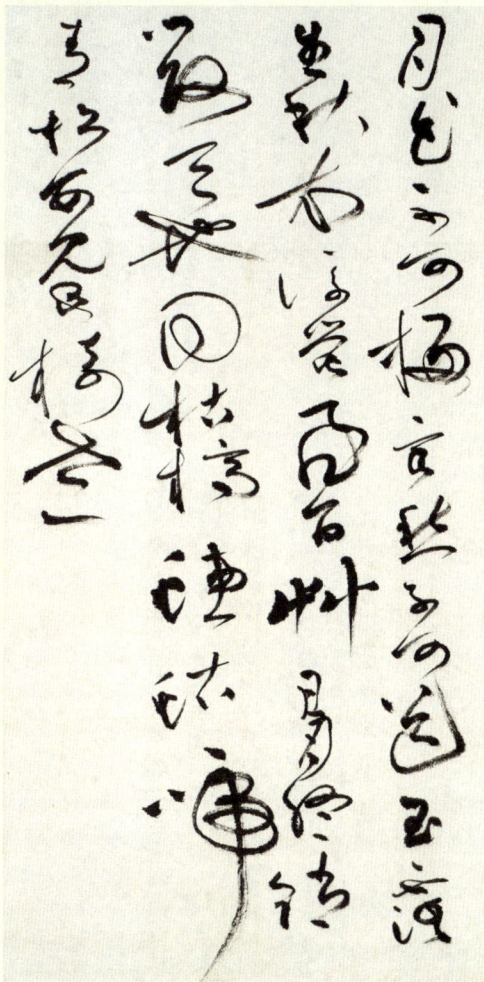

173

6.36 蓝玉崧行楷轴

玉崧兄以狂草名,而更喜其行楷,以为出入魏晋六朝碑帖写经,神采内含,蓄而不炫,最耐赏读。1974年自咸宁回京,访兄于音乐学院教师宿舍。筒子楼阴暗闷郁,通道两侧排列各式油炉煤灶,案上摆满锅碗瓢勺。每家一间,狭隘不堪。兄仍解衣槃礴,挥毫不辍。出示日课大小两叠,各高数寸,任我选取,乞得书梁刘峻《送橘启》等彩笺三纸而归,装成一小轴。

中宵不寐 31×25 厘米

考所愿而必违 12.5×23 厘米

南中橙甘 12×25 厘米

图书

7.1 旧钞本赵琦美铁网珊瑚十四卷

首册总目题"吴郡朱存理集"。余越园《书画书录解题》辨其误，改为赵琦美撰。

谢巍《中国画学著作考录》著录《赵氏铁网珊瑚》明钞本传世有三部：北图（今名国家图书馆）藏本十四卷。计：书法八卷、画品五卷、石刻一卷，清归兆篯跋。上图藏本不分卷，有清朱锡庚跋。华师大藏本十六卷。

此本分卷与国家图书馆藏本同，无归兆篯跋。书口刻"铁网珊瑚"、"书品"及"画品"字样，卷数页号用墨笔填写。意当年每次传抄或不止一部。此本是否与国图藏本为同一时期所抄，有待查对。

26.7 × 18 厘米

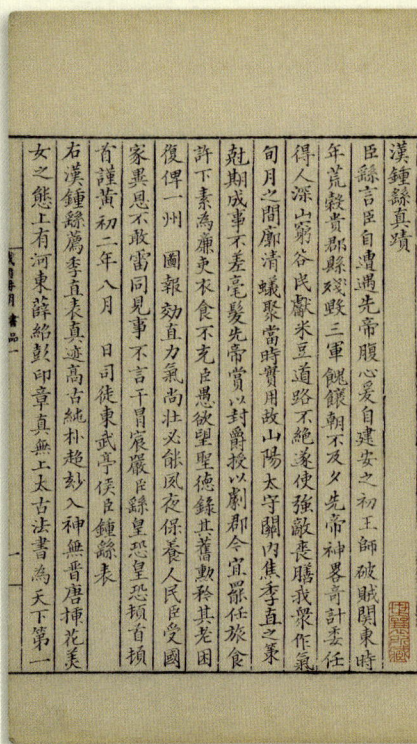

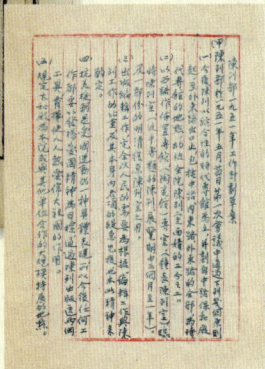

郁逢庆，字叔遇，嘉兴人，生于万历初，卒于明末，著有《书画题跋记》初、续各十二卷。宣统三年顺德邓氏风雨楼排印本仅有初记。传世钞本亦多缺续记。1991年上海古籍出版社影印《四库艺术丛书》本，始将初、续两记印全。

葱玉兄藏有旧钞本书画记两部，均有续记。1959年襄求让，其一遂归我有。书首有葱玉题记："此书舛误处无善本可校，只有以意改正若干。若得一较好之本，便自一清，惜传本皆出一辙耳。"可见旧钞本有续记者甚少，虽多讹误，仍被视为稀有之书。

1963年8月葱玉兄不幸逝世，藏书归我所在机构文物博物馆研究所。1964年发现葱玉见让之《书画题跋记》有残缺，拟就其自留之本一较。我所书库在红楼地下室，借阅甚便。入室见一人伏案缮写书目，不禁愕然。此非当年在故宫博物院不可一世之刘耀山乎?！

1949年秋自美参观访问博物馆归来，继续在故宫工作。入院首先拜见之领导即刘耀山同志。当时印象，此君身材矮小，貌极平常，年四十左右，有小髭，着布制服，颇陈旧，手持旱烟袋，每日巡视院中各部门。职称为党代表，院务不论巨细，均须向其请示，首肯后始得进行。据闻乃文物局局长王冶秋同志派来主持故宫工作者。是时予以为院中多项基础工程亟待筹划与建树，工作繁重。青年人应有献身精神，故誓全力以赴。至于个人研究著述，不妨中年以后再作考虑。当时工作主要是清理修缮闲置院落，开辟库房，制造庋藏架柜，研究文物分类，编印藏品簿册，文物登记卡片，以及制订提取陈列、送还库房等规章制度。各项工作计划，方法步骤，费用申请，均呈送刘代表审阅批示。不意一再被取消或削减，亦有延搁多日，不置可否者。因而工作多受阻碍，进展困难。1951年我调任故宫陈列部主任，所拟工作计划(共六页)，因遭到刘耀山刁难，未能完成。当时院中其他部门，亦处在同等境遇。甚至院长之职，亦同虚设。马衡先生所有设想，不经党代表同意，不能付诸实施。按全国解放后，为国家、人民利益，各机构由党代表总揽一切，固理所当

7.2 旧钞本郁氏书画题跋记十二卷续记十二卷

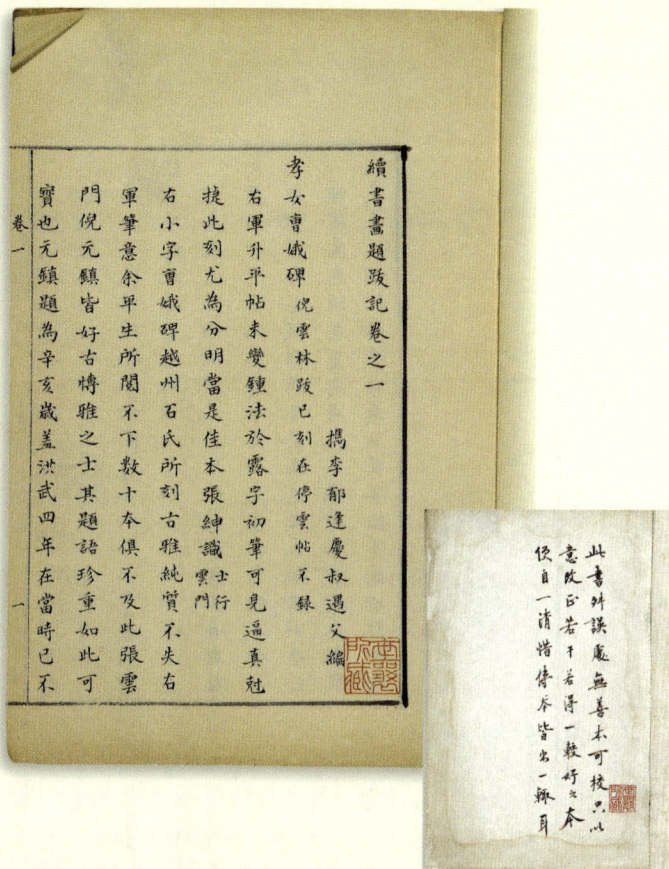

續書畫題跋記卷之一

攜李郁逢慶叔遇父編

李女曹娥碑倪雲林跋已刻在停雲帖未錄

右軍升平帖未變鍾法於露字初筆可見逼真右

捷此刻尤為分明當是佳本張紳識雲門行

右小字曹娥碑越州石氏所刻古雅純質不失右

軍筆意余平生所閱不下數十本俱不及此張雲

門倪元鎮皆好古博雅之士其題語珍重如此可

寶也元鎮題為辛亥歲蓋洪武四年在當時已不

卷一

此書外誤處無善未可校只以意改已若干若淨一數好之本俟自一清楷傳本皆出一鈔耳

26.6 × 19.2 厘米

然。惟党代表倘不研究工作，不了解情况，擅自做出种种不合理决定，目的只在显示其个人权威，必将阻碍工作进展，对国家、人民无益而有害，实未见其可。

1952年"三反"开始。主持运动者主观认定我有重大问题。其逻辑为："国民党没有不贪污的，你是国民党派来的接收文物大员，岂有不贪污之理！"（东岳庙斗争会上主持人的讲话）于集中学习解散后，我又被送入公安局看守所，身陷囹圄，饱尝手铐脚镣滋味。审查十个月，查明无贪污盗窃问题而释放。但文物局、故宫博物院将我解雇除名，书面通知去劳动局登记，自谋出路。此时因受传染正患结核性肋膜炎，只得先回家治疗，一年后始渐好转。

1964年与刘耀山同志在红楼重逢，暌违已逾十载，讶其昔日倨而今何恭，前后判若两人，故敢启齿询问其经历及近况。刘自称原为河北农村塾师，贫农出身，参加革命工作，表现积极，识字能书，当时当地，被视为难得之知识分子。故进军北平后，委任党代表，总揽故宫博物院事务。因缺乏工作经验，"三反"后即调离云云。聆听至此，对治秋局长不禁肃然起敬，毕竟明鉴知人，做出正确决定，罢免不称职者。此后耀山同志又有多次调换工作，来我所缮写书目，已是临时工。不久因字迹欠工整，又被辞退。

"文革"下放咸宁干校，我所连队与故宫毗邻。偶与老友言及刘君。始知为选劳动模范，渠曾弄虚作假，下令院中摄影师为其拍摄缘梯锯树、登殿拔草等多帧。被人揭发，成为一场丑剧，自此声名扫地。可见所谓"因缺乏工作经验而被调离"，应理解为"因缺乏竞选假劳模经验而丢官"。多年后仍不悔改，巧言矫饰，以隐其私。

马衡先生以著名学者出任故宫院长长达数十年。北平解放前夕，南京派飞机在东单操场降落，接走文化机构诸领导。北京图书馆馆长袁同礼即乘之南下。马院长匿身一地，故意延误行期。盖早已决定追随共产党，不再为国民党服务。不意此后在故宫院长任期中，竟有一冬烘先生凌驾其上，岂非咄咄怪事！马老心情，不问可知。"三反"后，马院长调任一闲散单位文物整理委员会任主任委员，不久即患肝癌逝世。先生嗜烟酒，不免伤身。惟其罹郁悒之疾，与晚年遭遇，恐不无干系也。

人之本质善与恶，须经长期观察始得知之。尤以认识恶人之本质为难，以其巧于隐藏伪装也。解放初期，刘耀山立场坚定，工作积极，自不待言。迨竟选劳模作假而暴露无遗。居高位如严分宜，以博学好古，工书能文掩饰其奸佞，代有其人。终至天水冰山，遗臭万年。位在其下者，倘有攀附之心，则不仅不能识其奸，且不免为虎作伥，成为自身之污点。林文忠公曰"无欲则刚"，诚至理名言也。

弓寡交識報終日不語又善病居幽樓山絕頂開

自悟如獅子獨行不求伴侶者也性直硬若五石
機緣多不令行世或付拂子源流俱不受蓋自證
浪靈巖鑑起兩長老尤契合有年升堂入室每得
子業廿歲削髮爲僧叅學諸方皆器重之報恩覺
不讀非道之書不近女色父母强婚弗從乃棄擧
石溪和尚吾鄒武陵人俗姓劉幻有夙根具奇慧

石溪小傳

高士也固立傳
而不驕入世不染出世不逃者武蒙矣此所以稱

青溪遺稿卷之一

孝感程正揆端伯

古樂府

望江南

樂莫江南樂憂莫江南憂佳山好水淹游客玅珠
孁姓窮民悉窮民可役不可恃糶粘十里聲在耳
登高莫上江東樓六朝漠漠餘煙起王孫遠遊胡
不回芳草萋時白鷗來

臥遊篇

26.7 × 17 厘米

康熙五十四年乙未（1715 年）写刻精印本。书末有子大皋、大华、大毕、孙光珠题识，知初刻于康熙三十二年癸酉（1693 年）。今不仅初刻不可得，此本亦极罕见。

诗文集多言及绘事。卷十九有《石溪小传》，乃有关髡残较早文字。卷二十二至二十四题跋三卷，多题所作画，可知其艺术思想及画友交谊。

此书自徐乃昌积学斋中散出，50 年代书友萧新祺送来，亟购之。

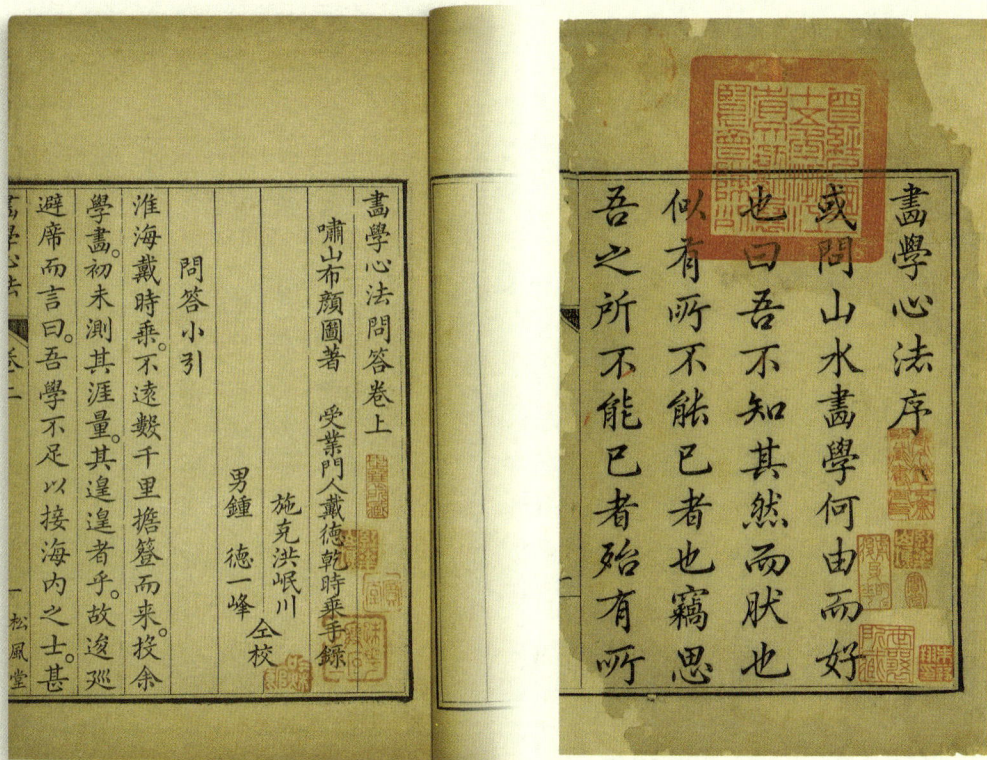

画学心法序

或問山水畫學何由而好
也曰吾不知其然而然也
似有所不能已者也竊思
吾之所不能已者殆有所

畫學心法問答卷上

嘯山布顏圖著　受業門人戴德乾時乘手錄

問答小引

淮海戴時乘不遠數千里擔簦而來投余
學畫初未測其涯量其遑遑者乎故逡巡
避席而言曰吾學不足以接海內之士甚

富學之片　　卷二　　　　　　　一松風堂

施克洪岷川　全校
男鍾　德一峰

29.6 × 17.8厘米

　　蒙古布颜图撰，乾隆十一年
（1746年）松风堂写刻精印本。上
卷问答三十六则，下卷收王维至董
其昌画论、画诀十五篇。

　　谢巍《中国画学著作考录》称
其"见识卓越，不为当时一味摹古
风气所左"，并谓20年代商务印书
馆借得此书，拟影印而未果。

指頭畫說

姪樹勳敏功參訂

愚甥趙秉鍠飛穰校閱

姪孫秉澤公敬述

畫從夢授

先恪勤公八齡學畫遇稿輒橅積十餘年盈二簏弱冠
即恨不能自成一家倦而假寐夢一老人引至土室四
壁皆畫理法無不具備而室中空空不能橅仿惟水一
盂爰以指蘸而大喜奈得於心而不能應之
於筆輒復悶悶偶憶土室用水之法因以指蘸墨仿其
大畧盡得其神信手拈來頭頭是道職此遂廢筆焉嘗

指畫說者鐵嶺高青疇先生傳其先人少司寇公畫法
而作者也司寇公名重天下數十年來天下之傳司寇
者貌以指畫稱而不知此固其一藝爾以指作畫古未
嘗有之自司寇公始然則即以指畫傳司寇始無不
可者顧其所以得力之由通靈之妙人固未及知之青
疇悉數家珍傾篋以出不少靳惜天下於是知指畫之
訣且益知指畫之難矣夫事莫奇於斯語要極於入
微史記龍門刱體復絕千古則以獨有心得者存非故
爲其異思以凌蔑前人而其用功之深取材之富至足
述幾遍天下又非徒矜心得此其所以必傳于觀青疇

附說
曹家有云小字宜疎大字宜密秉以此悟指畫大幅法

公嘗畫一獸似虎非虎紅黃色面方長
有騣鬛兩耳白豪拖地尾細而長尾梢
有毛團堅結成毬未加題跋人多駭以
為怪乃雍正年間在
御園所見獅也指畫不能遍見秉撫此式
以公同好願共見真獅相也

25.2×16厘米

　　国家图书馆藏乾隆三十六年
(1771年)刊本，扉叶有"乐吾庐"
三字。此本缺扉叶，王朝翰序亦残
缺。经查对，此即乐吾庐本。
　　书末有《附说》及高秉摹狮子
图版画，为后来刻本所无。尤以印
章如"青畴氏"、"高秉"、"泽公"、
"辛丑人"、"高秉私印"、"泽公父"
等，均用印泥钤成，并非刻版套
印，可证为高氏自留初印之本，自
较难得。

奉先殿添設鳳寶座一座面闊二尺七寸三分進深二尺通高五尺六寸九分
下安洒彌座上安五屏峰玲瓏搭腦成造漆飾平面鏨生漆一道使
漆灰七道布二道絹道雕花鏨生漆一道使漆灰五道絹二道玲
瓏鏨生漆一道使漆灰三道絹二道俱糙鏨生漆一道使光漆二道水
磨二道使漆上紅泥金翠漆裡子平面鏨生漆一道使漆灰六道
布一道糙漆墊光漆各一道光硃紅漆
前足踹一分下洒彌座長一尺九寸五分寬一尺七寸高六寸五分上

奉先殿添設幨帷帳幔衾枕迎手靠背坐墊案等項內
迎手靠背坐墊一分內墊子一件長三尺五寸寬一尺六寸二分墻高
一寸一分內靠背一件長三尺五分中高二尺邊高一尺五寸墻
子底厚二寸六分頂厚一寸一分迎手二件各長一尺三寸高
一尺墻子底厚二寸頂厚一寸一分俱明黃織金鳳緞面
明黃片金廂邊大紅片金搯邊墊子墻子織金流
雲粧緞迎手靠背墻子明黃素緞俱月白雲緞

23 × 15.3厘米

　　奉先殿为清代祀奉祖先之所，在宫内东筒子南端，院门西向。50年代曾进入正殿，所见为神龛、宝座、朱漆长供案等，面南一字排列。对供器陈设等已印象不深。因时在故宫改为博物院多年之后，与原状恐已有不少改变。

　　此则例于1960年前后购于隆福寺萧文豹书友，似原为一帙，衬纸后装成两册。观所记凤宝座为添设，连十二樽桌换成连十三，又添设帏幄帐幔衾枕迎手靠背坐垫案套等项，知决非奉先殿早期则例，而为后来添制改制之工程条款。其时代当在清中期或更晚。此外其他较小型之家具、器物亦甚繁，如凤宝椅、香案、衣架、金盆架、灯几、海灯、黄油绸雨伞、竖柜、爵垫等多至不胜枚举。他如供案陈设木雕灵芝、香盒等，用具如水桶、油盘、锡里牲匣等亦一应俱全。据此可对奉先殿之过去情况有进一步之了解。

　　曾查阅北京各藏书机构书目，未发现有此则例之刻本或传钞本。已建议收入正在编印将由河南大象出版社出版之《清代匠作则例》。

此为乾隆四十一年（1716年）怀烟阁写刻精印本。或谓成书后发现卷五董其昌书《重修宋忠武岳鄂王精忠祠记》及《兵部左侍郎节寰表公行状》两文语多违碍，故自毁其板，并追回印本付丙。确否待考。惟此本传世绝少则是事实。

书末时化题记称："是编于丙申六月朔，随书即托友人王鸣皋请名手开梓，酷暑严寒，未尝一日间断，至丁酉七夕始竣事。心思物力，亦殊艰苦，方服古人之事业，不知其费多少精神。吴门汤士超镌。"知书为陆氏手书，秀雅整饬，信是清刊至精之本。光绪五年江标聚珍版重刊本，不仅讹误颇多，行款紊乱，字体版式亦无可取，去写刻本，不可以道里计矣。

25.3×15.6厘米

图书

修葺兼附叶繁茎
攒楚首存郝问诗
入定得总憨苕

31×26厘米

康熙辛巳原刊本，套色精印，传世稀少，书肆居奇，索值甚昂。此本蝴蝶装，乃乾隆四十七年（1782年）苏州重刊本，镂版赋色，虽不及康熙本精美，相去并不甚远，亦已难得。首册总目有"乾隆壬寅仲春月金阊书业堂重镌珍藏"题字一行。书估每裁割或挖补此叶，冒充原刊本。

陈焯（1733—1809?）字映之，号无轩，乌程人，撰《湘管斋寓赏编》、《续编》各六卷。初编刻于乾隆四十七年，流传颇广，续编刻于嘉庆辛酉，甚罕见。《美术丛书》未收，余氏《书画书录解题》卷六著录《湘管斋寓赏编》十二卷，只记初编六卷内容，实未见续编。40年代予在京收集画籍，各图书馆均无之，书肆亦谓未曾见。60年代始得之于南京。

19×11.8厘米

湘管齋寓賞續編卷之一

烏程陳焯暎之輯

唐鍾可大書靈飛經墨蹟縢行

上清六甲靈飛隱道服此眞符游行八方行此眞書

當得其人按四極明科傳上清內書者皆刻盟奉脆

啓誓乃宣之七百年得付六人過年限足不得復出

洩也其受符背對齋七日脆有經之師上金六兩白

素六十尺金鐶六雙青絲六兩五色繒各廿二尺以

代翦髮歃血登壇之誓以盟奉行靈符玉名不洩之

方思公交稿

图书

夢幻居畫學簡明卷一

新會鄭績紀常著

山水總論

夫為學之道自外而入者見聞之學非己有
也自內而出者心性之學乃實得也善學者
重其內以輕其外務心性而次見聞座學得
其本而知其要矣故凡有所見聞也必因其
然而求其所以然執其端而擴充之乃為己

26.8 × 16.2 厘米

郑绩字纪常，新会人，寓居广州。能诗工画，与张维屏等有交谊。

《画学简明》同治间（1864—1874）聚贤堂刊本。附《梦幻居题画诗》、《梦香园剩草》、《梦幻图题记》、《梦香园题咏》等杂著。

《画学简明》五卷内容为山水、人物、花卉、翎毛、兽畜鳞鱼，各有论述及图式。图式用浓淡墨套印，品格虽不甚高，但具时代风格及地方特色。如粤中之葵树、木棉；《白云山市图》及民间风情画，为他书所无。不失为清晚期一部有价值的画谱。

此书传世甚少，谢巍以为"宜影印之，以免失传"。查其论述部分，于安澜之《画论丛刊》、俞剑华之《中国画论类编》均曾辑录，但无图式。聚贤堂刊本实为惟一有图式之本。

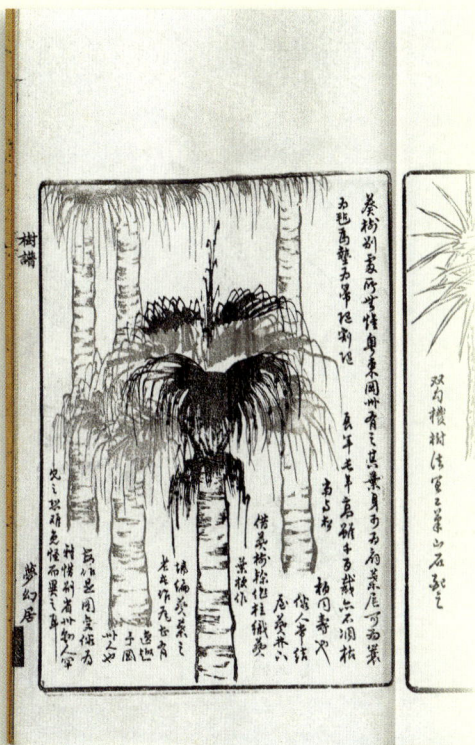

图书

茉林依約 山門
一隱指破舊
沈蓁詩賸

秋州 故迹存
迷離離凄迷迷緣延
沈蓁詩賸
二

一龕無地住
閬雪靈君禪根塵根高軒
沈蓁詩賸
一

有聲傳宿雨
雙瀑碉水松鴻苦竹秋澗
沈蓁詩賸
一

五

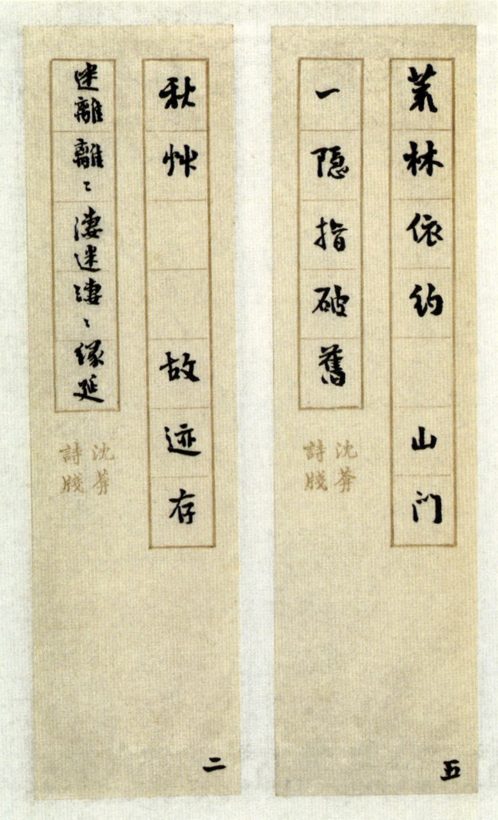

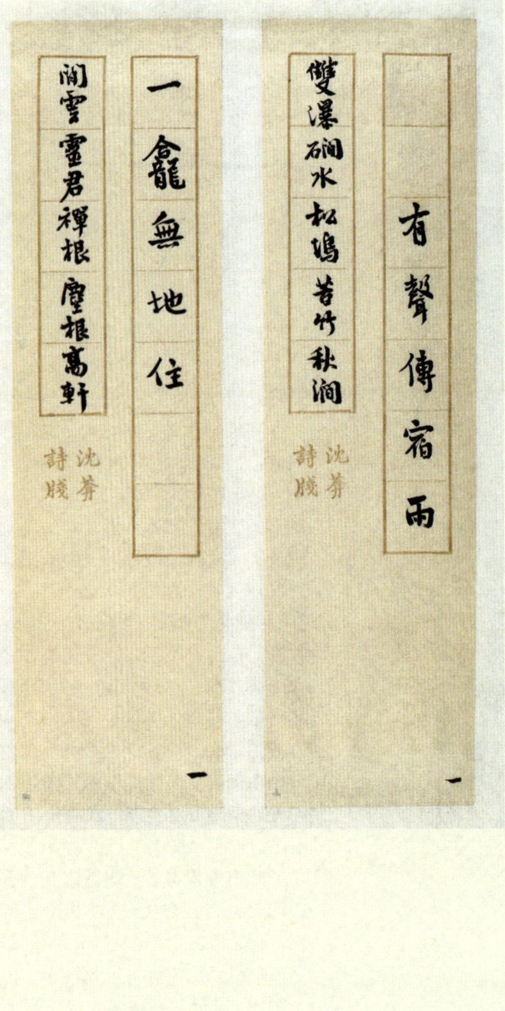

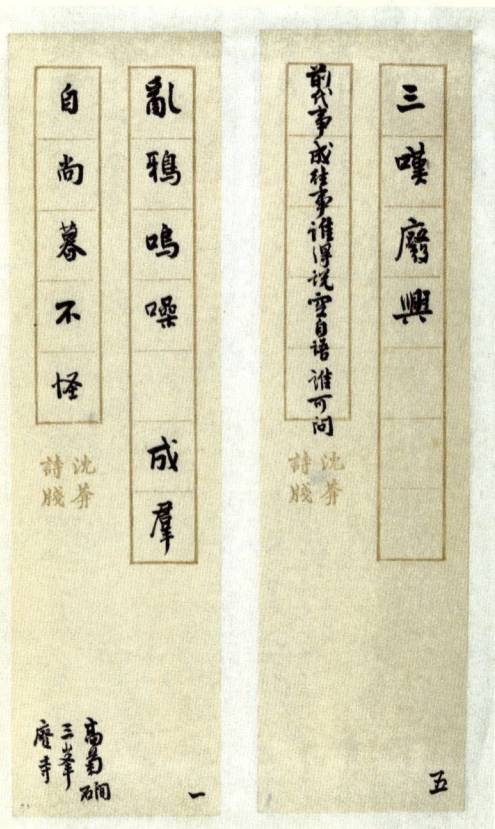

34.5×23.3厘米

高丽纸裁切，订成四大册，每面粘贴诗条两条。诗条用特制笺纸写成，部分印有"沈庵诗笺"字样。卷中无作者姓名，亦无序跋，惟观笔迹，即知为宝瑞臣所书。瑞臣号"沈庵"更足为证。1960年前后见此书于地安门文物店架上，以微值购之。按诗条为猜诗谜（或称押诗条）而作，乃一种带有赌博性之文字游戏，近年已不流行，知者亦渐少。为介绍此文人癖好，特草《奇文共赏析——押诗条》一文（见附录五），聊供参考。

宝瑞臣，名熙，清宗室，豫亲王多铎之后，1871年生。据《满族大辞典》（孙文良编，1990年辽宁大学出版社出版）页466，宝熙"光绪十八年（1892年）进士，累官翰林院侍读、山西学政、内阁学士、度支部右侍郎、学部侍郎等职。于山西学政期间奏请设立学部以振兴国家学务，被采纳。三十四年，帮办资政院事务。后充禁烟大臣，袁世凯任内阁总理大臣时，任其为修订法律大臣。清亡后仍居宫禁，为内务府供职至1922年。此间以清室关系出任民国政治会议议员、约法会议议员及参政院参政等。1934年，参加日本扶植的伪满洲国政权，任宫内府大臣、顾问官、参议府参议、宪法制度调查委员会委员等职"。

宝瑞臣工诗文，以善书名，且富碑帖书画收藏。在文艺方面之造诣均为《满族大辞典》所未及。

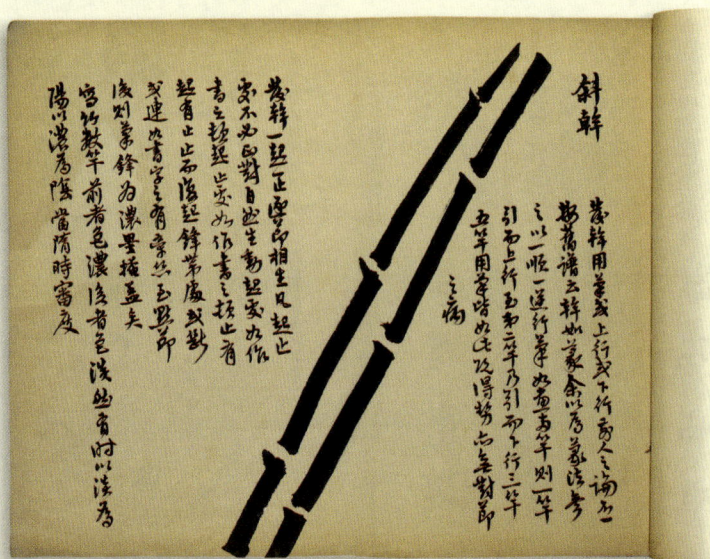

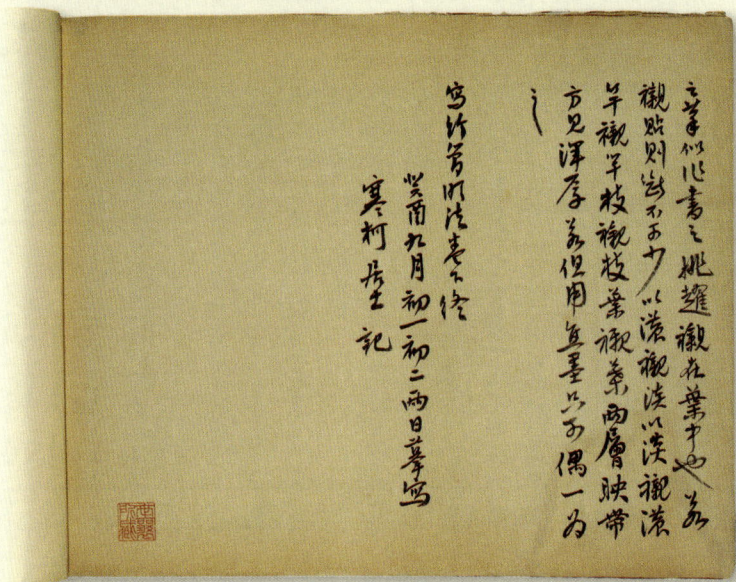

29 × 39 厘米

　　清蒋和撰《写竹简明法》刊于乾隆五十七年（1792年），传世甚少。越园先生《书画书录解题》列未见。1933年，即《解题》出版之次年，先生见此册，亟用毛边纸摹之。文字随手抄录，率真自然，饶章草意趣，转觉胜原椠，末叶题："癸酉九月初一初二两日摹写，寒柯居士记。"两行。前辈好学笃行，令人景仰。

　　50年代购于北京旧书店，彼殆不知寒柯居士为何许人也。

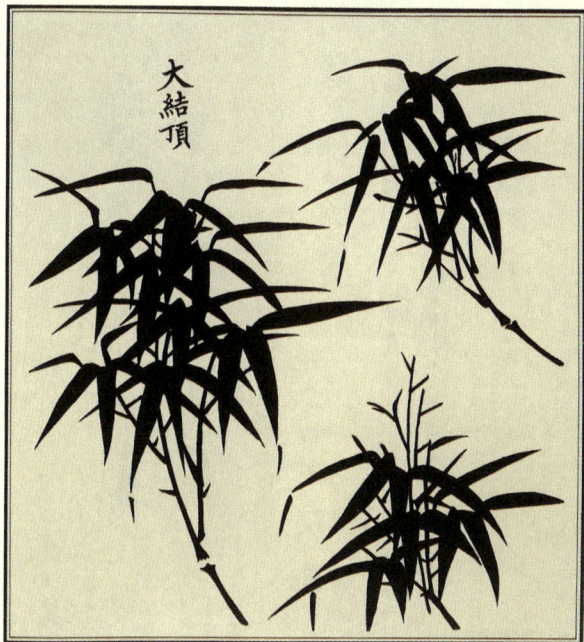

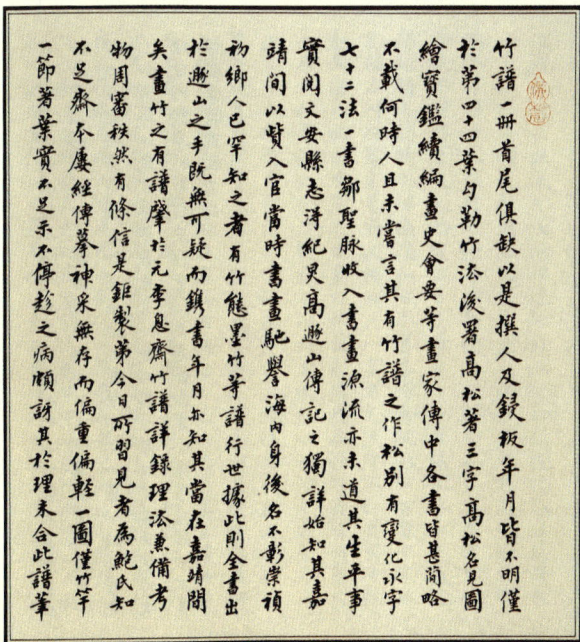

嘉靖刊本《高松竹谱》，辅仁大学德籍教授福克斯藏。1942年蒙惠借钩摹。时值酷暑，尽一月之力完成之，装成两大册，后有拙跋（已收入拙集《锦灰堆》）及徐石雪、郭啸麓、张尔田、黄宾虹、傅沅叔、吴湖帆、启元白、邓以蛰、林宰平、吴诗初、叶恭绰、夏承焘十二家题辞。

1958年人民美术出版社影印手摹本，因身为右派，不得署名，只许用号。跋须改写成语体文，用简体字抄录。题辞十二家，社领导声称："都是封建余孽，一律删去！"当时出版极度艰难，只得忍辱从命。1988年5月，手摹本在香港精印出版，易名《遁山竹谱》，始保留其本来面目。

60年代初，中国书店又发现明刊本《高松菊谱》、《高松翎毛谱》，均入藏北京图书馆（今名国家图书馆）。而竹谱原刊本则在北京大学图书馆。为使国图三谱咸备，襄已于1996年5月将手摹本捐赠该馆，亦快事也。

框格大小不甚规范，多数为26.2×25.3厘米

大結頂

竹譜一册首尾俱缺以是撰人又鐫板年月皆不明僅
於第四十四葉勾勒濃淡署高松著三字高松名見圖
繪寶鑑續編畫史會要等畫家傳中各書時甚簡略
不載何時人且未嘗言其有竹譜之作松別有變化永字
七十二法一書鄒聖脉收入書畫源流亦未道其生平事
實閱文安縣志涉紀昊高逸山傳記之獨詳始知其嘉
靖間以賢入官當時書畫馳譽海內身後名不彰榮禎
初鄉人已罕知之者有態墨竹等譜行世據此則全書出
於逸山之手阮無可疑而鐫書年月亦知其當在嘉靖間
矢畫竹之有譜摩於元李息齋竹譜詳錄理涵熹備考
物周審秩然有條信是鉅製第今日所習見者為鮑氏知
不足齋本經傳摹神采無存而偏重一圖僅竹竿
一節菁葉實不足示不傳趁之病顧訝其於理未合此譜筆

191

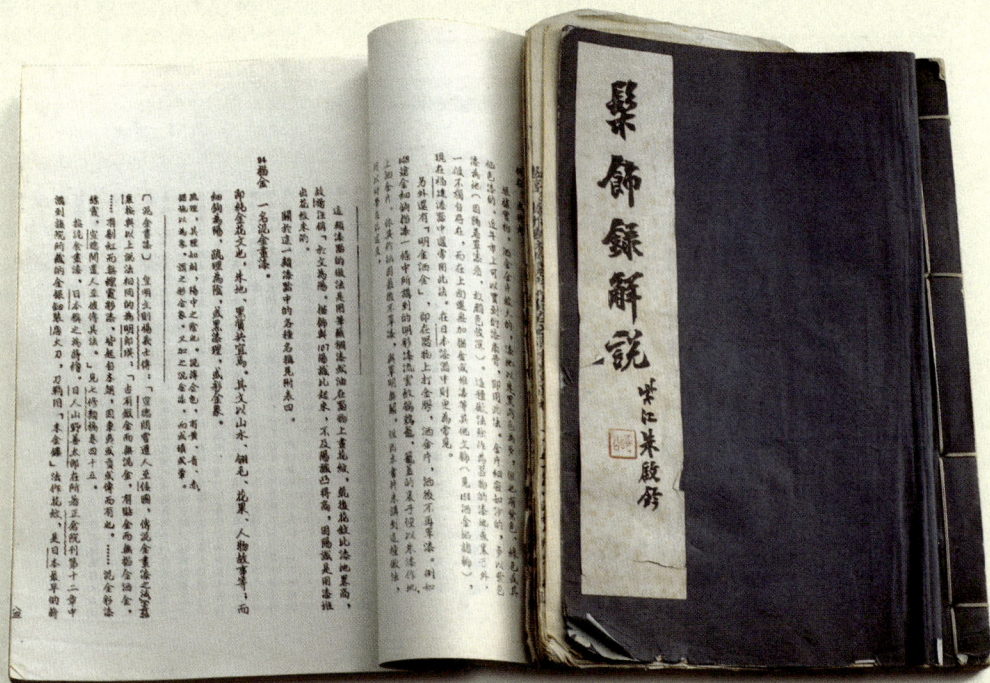

25.7 × 18.5 厘米

拙作《髹饰录解说》先后三次出版，此为1958年初稿油印本。有关此书编写出版，曾草《我与〈髹饰录解说〉》一文，收入《学林春秋》首册（中华书局1998年12月出版），文见附录六。

油印本为非正式出版物，本不足道。今摄书影附图书类之末，岂不贻笑方家。然吾有说，以为不妨记之以补上文所未及。

1958年油印此稿实因当时不可能正式出版，而桂老（蠖公朱桂辛先生）年事已高，又屡言愿见其成，故不得不采用蜡纸刻字、油墨印刷之法。为求字迹工整清晰，便于老人审阅，遍访城内外誉印社数十家，最终发现刻字最佳者为朝阳门内大街某社（社名已忘记，社址在路北两座西式楼房内，今尚在，早已修缮后改作他用）之乌先生，并决定全稿由一手刻写。其字体之端庄秀丽，实罕与匹。此后拙辑《画学汇编》及《朱蠖公先生九十寿言集》等亦均由乌先生手刻。当时刻写佣书，生活十分清苦。虽愿另有酬报，奈在右派降薪期间，能有几何，至今心疚。

初稿印成，线装两册，有诗呈桂老。此诗拙集《锦灰堆》未能收入，今录如下：

髹饰录解说初稿油印成书谨呈蠖公

公刊髹饰录，小子方总角。
不意二十年，手持授我读。
复期作疏证，谆谆多勉勖。
自虑笃驽资，终难窥此学。
乃谓尚可雕，教诲不辞数。
或示前代器，探索穷箱麓。
或命校漆书，赅博扩心目。
或述凤见闻，滔滔声震屋。
或为匡谬误，丹铅遍简牍。
謦欬获久亲，稿本亦三续。
书成呈座前，往事宛如昨。
仁沾信难报，一粲幸可博。
学术贵致用，今厚古宜薄。
斯篇裨漆工，酱瓿或免覆。
更当争上游，诸艺勤述作。
寸衷无他求，祝公常矍铄。

油印本出版四十一年后，即1999年夏，竟有藏此书者将其送至翰海，作为古籍善本竞拍，有人以千元得之。实油印时万万想不到者。殆因当年仅印二百册，且字迹整饬，非一般油印本所能及之故。

家具

家
具

159 × 60.5，高 72 厘米，
开孔 20 × 11.5 厘米

1945年自渝返京，此为最早购得之黄花梨家具。入藏目的，并非作为明式平头案实例，而仅供弹琴之用。时荃猷从管平湖先生学琴，先生曾言，琴几之制，当以可供两人对弹之桌案为佳。两端大边内面板各开长方孔，藉容琴首及下垂之轸穗。其优点在琴首不在琴几之外，可防止触琴落地。更大之优点在学琴。师生对坐，两琴并置，传授者左右手指法，弟子历历在目，边学边弹，易见成效，一曲脱谱，即可合弹。惟琴几必须低于一般桌案，长宽尺寸以160×60厘米为宜。开孔内须用窄木条镶框，光润不伤琴首。予正拟延匠制造一具，适杨啸谷先生移家返蜀，运输不便，家具就地处理。予见其桌适宜改作琴

几，遂请见让，在管先生指导下，如法改制。平头案从此与古琴不解之缘。

平湖先生在受聘音乐研究所之前，常惠临舍间，与荃猷同时学琴者有郑珉中先生。师生弹琴，均用此案。1947年10月，在京琴人来芳嘉园，不曰琴会，而曰小集。据签名簿有管平湖、杨葆元、汪孟舒、溥雪斋、关仲航、张伯驹、潘素、张厚璜、沈幼、郑珉中、王迪、白祥华等二十余人，可谓长幼咸集。或就案操缦，或傍案倾听，不觉移晷。嗣后南北琴家吴景略、查阜西、詹澄秋、凌其阵、杨新伦、吴文光诸先生，均曾来访，并用此案弹奏。传世名琴曾陈案上者，仅唐斫即有汪孟舒先生之"春雷"、

"枯木龙吟"，程子荣先生之"飞泉"，拙藏"大圣遗音"及历下詹式所藏等不下五六床，宋元名琴更多不胜数。案若有知，亦当有奇遇之感。

多年来，予每以改制明代家具难辞毁坏文物之咎。而荃猷则以此案至今仍是俪松居长物，端赖改制。否则定已编入《明式家具珍赏》而随所藏之七十九件入陈上海博物馆矣。且睹物思人，每见此案而缅怀琴学大师管平湖先生。一自改制，不啻为经先生倡议、有益护琴教学之专用琴几保存一标准器，可供来者仿制。是实已赋予此案特殊之意义及价值，其重要性又岂是一般明式家具所能及。吾韪其言，故今置此案于家具类之首。

66 × 66, 高 97 厘米

　　50年代中期某晚, 经吴学荣介绍, 前往广渠门附近一曾业古玩者家购得此箱。胡同方位及名称早已茫然, 只记得地甚偏僻, 主人出门许久始找到三轮车。搭箱上车, 绳索固定, 已不能再坐人, 我只得在车后推挼, 快步进入崇文门, 不久即抵家, 此景犹历历如昨。当年得益于放鹰逐兔, 快跑四五里, 不在话下也。

　　此箱最早于《髹饰录解说》中述及:"彩金象描金, 可以万历款缠枝莲纹大箱为例。原有底座, 已散失。漆地紫色, 四面及盖顶以回纹作边, 各描绘莲纹十六朵, 分作四排, 以枝叶串连, 每朵上承八宝(轮、螺、伞、盖、花、罐、鱼、肠)一件, 金色分深浅。花蕊、花瓣用赤色金, 球状花心及枝叶用正黄色金。双鱼鱼身用赤色金, 鬐鬣用正黄色金。其他各宝也用两种金色分层次。款在盖里, 正中直行泥金楷书'大明万历年制'。花纹做法是先在紫漆地上用漆作描绘, 干后用黑漆勾纹理。两种不同的金彩, 分两次贴上, 最后在花纹上勾金色纹理。箱前面正中有鼻纽, 以备穿钉上锁。背面有铜铰链三枚, 两侧面各有铜环。又因箱盖无子口, 所以在前面的鼻纽两旁, 各安桃形铜饰一枚, 两侧面各安铜饰三枚, 目的在代替子口的作用。这是明代宫廷的做法, 民间箱箧, 尚未见过。"

家具

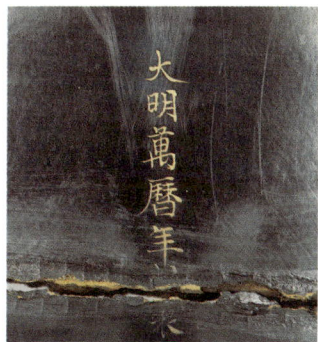

此后又于《明式家具研究》中言及此箱。因列在几种箱具之后，为避免重复，述说从简。但指出箱盖下未见有平屉痕迹，也无抽屉。此乃与明代几件同类大箱比较而言。

1983年编写《明式家具珍赏》，此箱未能收入。因"文革"后发还首批抄家文物，均用卡车运入故宫博物院。其目的在可让故宫得从中挑选，扣留认为值得由故宫收藏之文物。为此故宫曾成立挑选组，有多位专家参加。其中以工农出身之魏松卿研究员最为积极，共扣留尚均雕红寿山螭纹印泥盒、铜炉等数十件，此箱亦在其中。因此未能编入《珍赏》一书中。后来吴仲超院长发现扣留抄家文物，不合政策，决定全部发还给原主。1989年我编写《明式家具研究》遂得将箱收入该书。

8.3 明黄花梨缠莲纹三弯腿炕桌

有束腰。四面牙条浮雕缠莲纹。中有分心花，阳线沿壸门轮廓及三弯腿里侧而下，直至云纹底足。三弯腿，大回弯，圆婉而遒劲有力。全桌完好无损，独板面心，缝隙嵌窄条，审系自上陷入，并非拆开后粘贴，故可谓"原来头"未经修理者，尤为可贵。

"文革"后，北京市文管会剩有不少硬木家具无人认领，也找不到原主，遂以低值处理给该会工作人员。此桌为李孟东所有。李曾在琉璃厂开设二孟斋，经营古书画有年，颇有鉴定力。停业后在文管会任职。李逝世后，家人将桌售给北京市文物商店。90年代予购此桌于韵古斋，时已在出版《明式家具珍赏》、《明式家具研究》之后数年矣。

69 × 41，高26.5厘米

8.4 清黄花梨小交杌

面支平47.5 × 39.5，高43厘米

50年代，德胜门外马甸小高，以晓市买卖旧物为生。一日送交杌至我家，购之。

1983年编写《明式家具珍赏》，此件收作实例（见页70，编号30），说明如下："由八根直材构成，是交杌的基本形式。其制作年代可能晚到清中期，但与宋人摹《北齐校书图》中所见，几无二异。可见民间日常使用的交杌，千百年来一直保留着它的原来结构。"

1992年香港庄贵仑先生为纪念其先人，拟购买拙藏明清家具，捐赠上海博物馆，成立专门陈列室。予欣然同意，并有诺言："只要先生自己一件不留，全部捐给上博，那么我用了四十年搜集到一起的并已编入《珍赏》的家具七十九件也一件不留，全部奉上。同时我还不计所值，给多少是多少，决无二议。"就这样明清家具七十九件，于1993年2月全部入藏上海博物馆。

此件小交杌，原为我所有，而现仍在我家，却不在七十九件之内，是何缘故，说明如下。

1962年10月，中国音乐研究所负责人通知我，已摘掉"右派"帽子，即日调回文物局，分配到文物博物馆研究所工作。上班后，我上书所长姜佩文，请求用一部分时间从事古代家具研究。随即得到所长的批准。为了绘制家具图，承蒙杨乃济先生（古建筑专家，梁思成先生高足）慨允，愿大力协助，不接受任何酬报。此事对研究所本是一项无偿的贡献；不料为了在所中工作室支架一块绘图板，竟遭到中层领导的种种刁难，拖延数月，不予安排。随后他又联合人事处处长李某及由小器作工头转为干部，以欺凌工人而不齿于人的某甲，召开斗争会，对我进行批判。绘图一事自然也被取消。

我本以为"右派"摘帽后，应当可以回到人民中间。至此方知"摘帽右派"，早已成为一种身份，和"右派"并无差异，随时都可以对具有此种身份的人进行管制歧视。中层领导自己干不了，也不愿看见有别人干。一心向上爬的最善利用欺凌"右派"来表现自己进步，某甲就是以此起家的。现在研究所新调来一个"摘帽右派"，自然大有文章可做了。

8.5 清木胎加铜丝编织黑漆小箱

45 × 23.5，高 13.5 厘米

此时我也明白全国各单位都是如此，又何必耿耿于怀。不过专诚送上门的义务绘图都会遭到拒绝，未免使乃济兄感到极不愉快。我也为有负他的美意而不安。为此我将小交杌赠送给了他，聊表寸衷。1983 年我编写《珍赏》将交杌借来拍照，拍后即送还。在《珍赏》交杌图下及书末收藏者一览表中均注明"杨乃济藏"字样。我与庄先生洽谈转让家具时，小交杌非我所有，自然不能列在七十九件之后。

在家具全部入藏上海博物馆之后，一日乃济兄忽挟交杌来。言称："你的家具都已没有了，不感到有些失落感吗？这一件还是还给你吧。"其意甚坚，我只好将它留下，因此交杌现仍在我家。

箱以薄木板制成，铜叶包镶边角，底面及里皆髹黑漆，断纹细而美。立墙四面尽露铜丝编织，细密成纹。此为木板又附贴铜丝编织作胎骨的漆器。

光绪重刊本《长汀县志·物产》称："铜丝器，木其质干也，漆其文饰也，丝竹其经纬也。或佐之以革，或镶之以铜，一器而工聚焉。邑人制为箱、盒、盘、盂等器，……其觉华美。"此箱当即福建长汀制品。其时代至迟亦在清中期，可能更早。铜丝工艺之兴定在光绪亡前也。

50 年代购于琉璃厂古玩店。

8.6 清黑漆小几

　　几表黑漆无纹，紫漆里。通身有断纹，几面蛇腹间流水，尤美。

　　高束腰，开长圆鱼门洞，正面二，侧面一。鼓腿彭牙，兜转有力。牙子挖壶门式轮廓，沿边起灯草线。造型优雅而有古趣。

　　类此素漆几，传世不少，大抵制于清前期。惜多被安人加纹饰。嵌厚螺钿，料易得而工不繁，最常见。嵌牙、嵌骨，或百宝嵌次之。名曰"百宝"，实无贵重材料，而以劣质图章石材为主。亦曾见嵌椰壳者。为求易售，或冀增值，遂使前人之制毁于一旦，可恨之至。此几幸未遭厄者也。

几面 50.5 × 30.5，高 12.5 厘米

8.7 清黄花梨小几

几面周边起窄小拦水线，四角有小委角。有束腰，几面边框做成冰盘沿线脚。牙条与束腰一木连做，腿足外角踩凹线，上与束腰及几面之委角相接，下直落至足底。腿足下端向内兜转，与底枨连接，四面各形成一个大长圆空间。沿此空间起阳线，等于用重笔将空间勾勒出来，十分醒目。底枨妙在高离地面分许，也有助呈现空间的完整性。腿足内角挖缺做，目的在不使其在此处存在直线，否则长圆空间将遭到破坏。综观全几，处处都经过精心设计，始取得完美的造型，不可以小件而等闲视之。

40.5 × 21.3. 高 10.5 厘米

8.8 清紫檀台座式小几

35.5 × 17.5. 高 11.2 厘米

瘿木面心，紫檀边框，混面起边线。四面装板，开长圆形透光，沿透光起阳线，与边框阳线相呼应。造型方正，可上溯到陈置青铜器之禁，汉唐时期床榻之台座，而手法细致谨严，具有雍乾两朝精制而简练一类紫檀家具之风格。

50年代后期，琉璃厂某古玩店将歇业，于玻璃柜中见此几，购之。店东说："你拿走吧，可别看不起它，当年在上面放过成化斗彩和珐琅彩，现在用不上了。"

8.9 清桦木竹鞭形高低几

桦木一截,制成高低小几。察其弯转及高起板面,未见切断木纹踪迹,更无烘烤卷屈之痕。故知并非取自大材裁切,而是偶得畸生树本,随形造器。更生奇想,略施刀凿,雕成竹鞭模样,似曾穿行地面,遇石受阻而隆起如桥。刻画鞭节笋茁,亦惟妙惟肖。桦木并非名贵木材,年代又晚至清晚期,只赏其巧思而购置案头,以陈清供。上下铜炉、菖蒲盆各一,最为相宜。

45×28,高12厘米

8.10 明榆木小翘头案

110×39,通翘头高84厘米

独板面,插肩榫结构,翘头小而立。壶门牙条起边线,与云纹牙头相连。案足浮雕云头,顶端起阳线,上贯至面板。腿中部雕卷叶。形制线脚,不仅为标准明式,卓然挺秀,甚至比一般黄花梨小案,更具神采。其确实年代难言,设为黄花梨制,孰曰非明?

传世明式硬木家具已被淘尽,流出海外,近年转向民间杂木器物。不数年国内亦将绝迹。收集研究,愧已无此精力。马君可乐,在杨村布置旧家具展室,货源主要来自山西。此为非卖品,许我购存,不过镂尝一脔而已。家青老弟有言:"民间杂木家具,照片比实物好看。"颇中肯綮。因其造型有佳者,偶或出人意想,脱俗清新。待观实物,其质材与紫檀、黄花梨无法比拟,自瞠乎后矣。

台座 44 × 25.6，围子高 39 厘米，
通高 60 厘米

　　台座只设抽屉一具，左右安挂牙，下有牙条，均透雕。台座上三面围子。正中搭脑出头雕灵芝，扶手出头雕龙头，均装板，落堂踩鼓施透雕。中为麒麟，以绦带连结蒲扇、方胜为饰。右为仙鹤，左为梅花。论其造型，围子过高，不成比例，显然失调。雕刻草草，刀过便了，不再修饰。惟民间意趣浓郁，处处见粗犷自信、放纵不羁之风格，非黄花梨紫檀家具所能有也。

　　张君德祥，近年搜集山西家具甚多，已积广厦十数间。予只求让一具，有谢珍馐而尝菜根之意。巡视所藏后，选此镜台。恰好有人赠我雕花紫檀笔筒，以之相易。德祥有难色，但又不忍拂吾意，许我挟之而归。不禁喃喃曰："价儿比我的贵，味儿却没有我的厚，我亏了。"

8.12 北楼先生自制楠木画案

画案由面板、小箱、大箱各二组装而成。拆卸后面板、小箱可装入两具大箱，一人肩挑而行。尺寸如下：

画案组装后：

案高84厘米。案面164×82厘米。

案足足底占地面积174×92厘米。

画案拆卸后：

案面板两块，每块厚3厘米。横纵82×41厘米。

小箱两具，每具高33厘米。横纵82×41厘米。

大箱两具，每具高54厘米。横纵92×51厘米。

此案经北楼先生亲自设计并绘图，延工监制。儿时在墨茶阁，翘足立案旁，注视舅父挥毫，情景犹历历如昨。"文革"中案被抄。归还时钱粮胡同故居被挤占，无地可容，只得交付商贩。襄闻讯，购之于北新桥旧家具店，时吾家亦狭隘不堪，只不忍见其流落，恐遭毁灭耳。

画案小箱两具，均有抽屉，但

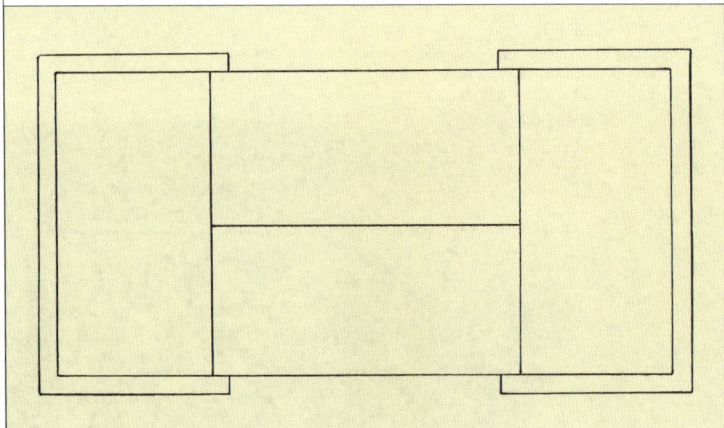

线图1　画案俯视图

数量及抽拉方向并不相同。两小箱分别放在左右大箱之上，位置可以左右对调。两具大箱各有两个抽屉，均向后抽拉。但大箱可掉头摆放，抽屉之抽拉方向也随之改变。

大箱位置也可以左右对掉。画案可根据个人需要及室内空间情况，变换大小箱的安放方法，以期达到合理使用的目的。

特备图片六幅，可看到画案如

图1

家具

图2

图3

何经过拆卸，装入两具大箱。同时还就图举例，说明为了适合不同使用者的要求，如何变换摆放方法。

图1为画案组装完成，可供使用的情况。

图2同上，左侧小箱的两个抽屉和右侧大箱及小箱的两个抽屉都稍稍拉开。

图3可见画案面板已卸下，横置大箱顶面的落堂上，尚未放入其内。案面板两端，安木条抹头，两端各装走马楔两个，与小箱一侧的上边框连结。走马楔为铜制，在抹头上凿槽安榫头，在边框上凿槽安卯室。榫头可拔出或推入。推入后榫头全隐不外露。

两具小箱已从大箱上搬到地面。两具大箱的抽屉均已拉开一些。

图4右侧的小箱已装入大箱的两具抽屉中，但尚未将其推入大箱。左侧小箱已装入大箱的一个抽屉中，另一抽屉则扣在地面上，有待扣到小箱之上。

这里有待说明的是大箱两个抽屉的特殊构造。一般家具如上下有抽屉，中间一定设隔板，否则上者压下者，无法开启。此案为了大

图4

图5

箱要容纳小箱,故两屉之间不设隔板,而在上一抽屉之侧面安木条,大箱两墙内侧开槽,做成轨道,用轨道架住上一抽屉,不使下压。更因轨道位居上抽屉侧墙之正中,抽屉既可朝上、又可朝下推入大箱。抽屉朝上时仍可存放物品,朝下倒扣时,上下抽屉之间有足够空间容纳小箱。图中两具抽屉侧墙上的木条轨道,明晰可见。还有上下抽屉之高度也不同。上高18厘米,下高22厘米。上低下高,也是为了减轻上者向下的压力。

图5可见左侧大箱已将装有小箱的两个抽屉完全推入。右侧大箱也已装好小箱,抽屉尚未全部推入。

图6可见两块案面已分别装入两具大箱顶面的落堂内。大箱只待捆绳肩挑了。

以下假设在不同情况下画案的不同摆放方法,见线图2。

假设画家右手用笔,准备将画案放在三间北房东侧一间。案右端靠南窗摆放,以利取光。画家坐位在案后,面朝西,背对东壁。沿壁置书架、柜格,故案后所余空间不大,而

图6

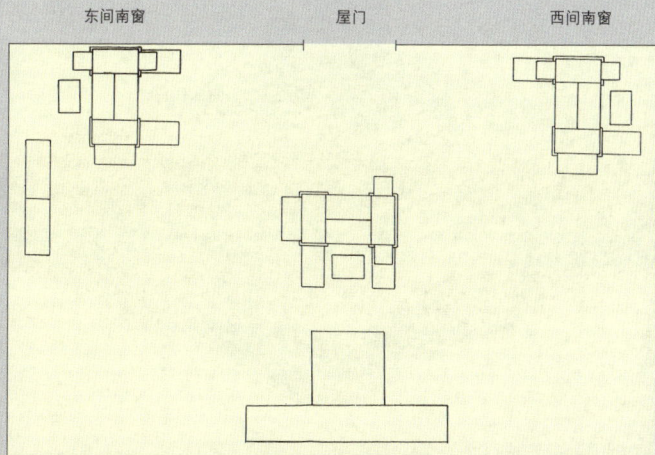

东间南窗　　　　　　　　　屋门　　　　　　　　西间南窗

线图2　画案不同摆法示意图

案前则较空敞。因此摆放两具大箱使其正面朝前，抽屉向西抽拉，关启全无阻碍。案右端小箱，有抽屉四具，前后各二，抽拉亦甚便。左端小箱抽屉两具，横宽而纵浅，朝北方向抽拉，其空间可能更大于案前。

再假设使用者愿将画案放北房正中一间，坐位设在案后，面南而坐。为了取物方便，不必离座即可

拉开抽屉，故摆放大箱与前例恰好相反，使其正面朝后，抽屉向北抽拉。至于两具小箱，左右亦可易位。因大箱顶面落堂尺寸与小箱底部尺寸均按规定大小制作，故可随意调换两小箱的摆放位置。

再假设主人用左手书画，则可将案放在西间，贴靠南窗，以利取光。画家坐位在案后，面朝东。为

了便于出入方便，右侧大箱不妨正面朝东，左侧大箱正面朝西，各自向前或向后拉抽屉。

如上所述，足见此案之制，曾经吾舅精心设计。思考周详，形制巧妙，乃为其早年南北往返频繁而特制者。仅此一端，已值得摄影著录，藉见匠心。不仅其为一代名家之遗物也。

8.13 仿明紫檀莲花形长明灯座两具

明原件，单色图，尺寸失记

50年代于地安门大街宝聚斋见此紫檀制器。方形整挖座，四足向内兜转，雕云纹，类剔犀纹饰。上起素平台两层，云纹圆平台一层。中树立柱，由两莲茎拧成。上承荷叶及盛开莲花，花用莲瓣三层组成。构思巧妙，制作精湛而古趣盎然。予一见不能释手，亟购之而归。

莲花中虚，定为容圆形器而设。所用题材又宜供奉佛前，故此当为承置琉璃油缸，燃灯可多昼夜不息之长明灯灯座。又因其盛油多于一般灯盏，又有"海灯"之称。

为物色适合灯座琉璃缸，曾糊一纸碗，衬入帽中出游。有所见，随时取出比试。求之多年，仅得一康熙青花博古纹瓷罐，聊胜于无而已。人笑我迂，亦未尝不自笑也。

灯座多年来为我铭心之物。

"文革"中被抄走，未归还，只摄有黑白照片，尺寸竟失记。1985年出版《明式家具珍赏》，因实物不存，无法拍摄彩色照片，故未能收入。1989年出版《明式家具研究》，图片均为单色，始得列入该书"其他类"，见图版卷页189。

三年前，南通顾君永琦知我对灯座未能忘情，据《研究》单色图为制一具相赠，盛情可感。仿制品

仿制品一，座 21.5 × 21.5，高 26 厘米

工料皆精，磨工尤细。惟莲瓣坦敞，以致花形欠丰满。立柱亦嫌稍高，故予人整体感觉与原件大异（见上图）。田君家青得知，又监制一具。花形虽经改正，仍与原件相去甚远，底座亦欠厚重，立柱却稍粗，仍觉不符比例权衡。可见前人成功之作，仿制而求形神不爽，非经几次试验、修改不可。其关键部位，差之毫厘，不免失之千里也。

仿制品二，座 21 × 21，高 26.5 厘米

家具

1995年夏,偕荃猷同往慈溪参观旧家具市场,见瑞永工艺公司院中,存有大量花梨木料。最大卧地一株,高尚及肩。经理郭永尧称,巨材来自泰国,近年禁止出口,不可得矣。予请郭君日后剖料时,为留一厚板,供造大案之用。腿足等部分,亦烦同时截取。

1996年秋,郭君电告开料有期。余绘大案草图,标明尺寸寄往。郭君如约用集装箱运案料至京。与家青商榷形式结构,并请随工监造,一阅月而成。喜作铭曰:

大木为案,损益明斯。椎凿运斤,乃陈吾屋。庞然浑然,鲸背象足。世好妍华,我

耽拙朴。

郭君永尧,赠我巨材,与家青商略兼旬,始作斯器。绳墨操斧者陈荦禄,剞劂铭文者傅君稼生也。丁丑中秋,王世襄书于城东芳草地西巷。

大案所具特点甚多,屈指数之,缕述如下:

我娟世象鯨渾龐吾乃蓮椎明損為大
祝華好足背然然屋陳斤嘗斷益棻木

271×91，高82，独板面板厚7.6厘米

一、大案全法明式。但在明式之特点上更加重、更突出其特点。故可谓比明式更为明式。

二、材为花梨，但案面纹理流动多姿，且有狸首、鬼面等为黄花梨所有而花梨所无者。不知是否由于树老围粗，质材扭曲，乃生变异；抑为花梨之别种，故纹理殊观？

三、传世大画案，未见有如此之长者。面板独材，未见有如此之厚者，腿足如此之壮者。

四、面板重六七百斤，故足端不须留榫，板上凿卯，上下扣接。只须平置四足之上，自然安稳。正因如此，面板可正背两面轮换使用。

五、牙子用方材，已不得称之为"牙条"，而当名之曰"枋子"。侧端不加横材，任其空敞不"交圈"。桌案如此结构，常于宋画中见之，故可称之为"宋式"。此予损明式而从宋式也。

大案形象，已在吾思想中存在多年，一旦由抽象变成现实，诚快事也。

8.15 榆木四足圆凳

马君可乐在杨村设古旧家具展室，1999年春邀往参观，二三百件中荃猷独喜其清榆木圆凳，请为复制一对，图中所见乃其中之一。

原件来自山西民间，予为《可乐居明清民间家具》一书撰序，言及此凳，试分析何以其结构造型颇有新意，却使人感到喜闻乐见，坚实耐用。文如下：

圆凳，黄花梨制者极少。有之，造型设计多乞灵于坐墩、香几等圆形结体，而很少取法于四足之方形结体。当然不是绝对没有，而是不容易获得成功。册中图18一对，利用足上端之集中，下端之开张，侧脚显著，造型与一般圆凳大异，并增加了稳定感。镂空牙条，在方形结体的椅子上，本来贴着在坐盘之下。圆凳为了亮出这一装饰构件，特加一根横枨，将牙条移下安装。枨上还加一根单矮老。此下前后安踏脚枨，左右安双直枨，完全采用了椅子下部的做法。这些物件我们都十分熟悉，但由于整体造型的改变，部分构件的易位，使圆凳显得典雅清新，不同凡响，而且非常牢固实用。

逾半载，马君始将复制一对圆凳送来。因凳面径长40厘米，又有相当厚度，必须找到榆木大柁，方能开出凳面。凡用厚材作家具面板，最好用独板，倘经拼合，便有美中不足之感。

面板径40，足上端26×26，
足下端41.5×41.5，高50厘米

诸艺

9.1 宋青铜卧狮

头颅下丰上隘，怒睛隆眉，阔吻高鼻，无不硕大逾恒。耳却短小，竖立不垂。发鬏稀疏，全不夸饰。尾毛回拂，亦甚简略。凡此均与元明以来狮子形象迥别。朴质无华，转增其威武雄伟。铸造年代似不能晚于宋，或谓可能更早。

60年代初经人介绍，城北有老者愿出让所藏文玩杂项。趋访入卧室，见炕侧贴墙置黑色四顶大柜。上下分隔五层，器物杂沓交叠，全无次序。清代青铜小件居多，少数可能为明，但无佳者。惟此狮压在他件之下，探之取出，顿觉光辉耀目，亟购之而归。老者姓氏及所居街巷，久已忘其名矣。

高4厘米

9.2 清石雕狮

座13×13，通高9.5厘

方形石板上伏一狮，张吻露舌，气势雄伟。后股抬起，以爪挠颅顶，姿态亦妙。惜用料单薄，未能雕出丰满狮身，与前部殊不相副，未免美中不足。尾鬏在板面，却弯转有致。予购此兽于冷摊有年，用以压案头稿件甚便，实未尝思考其年代。据造型，似非清代所有。但未能排除当时民间有类此雕刻。

见者皆谓石狮乃山西民间物，缘近年晋中流出近似石雕甚夥，皆在近尺见方之石板上雕人物或动物踞其中央。盖女红炕头用具，可以压织物之一端，以便行针操作，或用以压纳成之鞋底。但其尺寸及重量均超过此兽甚多，且石质亦完全不同。此兽用石呈灰青色，虽深而近黑，细察隐有鱼子纹，与山西石雕用料大异，故实非同类器物。

者艺

器分八格，均作椭圆形。其形制似源自晋墓出土之榼，姑以榼名之。具体用途待考，可能为祭器，或食具，置果饵饵钉之属。

每格内外均镂刻云龙纹，周匝环以海水。背面阳文两印，右曰"万历四十二年"，左曰"甲寅归昌世造"。是年逢甲寅，恰好为襄出生前三百年。

归昌世（1570—1644年），归有光孙，字文休，号假庵，江苏昆山人，移居常熟，明诸生，工诗古文，书法晋唐，能篆刻。画擅山水，兰花墨竹。

1958年3月4日购此器于琉璃厂宝古斋。原有紫檀架座，抄后归还，架座散失不全。

31 × 18.8, 高2.1厘米

9.4 明鎏金铜金刚杵

长 15 厘米

金刚杵为藏传佛教重要法器之一，与铃同组，故有"铃杵"之称。

此杵尺寸属中等，制作工艺亦居中等，50年代购于琉璃厂古玩店。日后求一铃与其配合，竟无惬意者。仅见一具，以松石、珊瑚为饰，范铸花纹亦精绝，且有原制随形木匣，以价昂而不可得。

某年秋，葱玉兄来我家嚼蟹赏菊，于案头见此杵，连声曰："明！明！明！"可见其兴趣广泛，于文物杂项无不钟情也。

9.5 明铜镇纸兽

匍匐如犬伏地，形象怪谲。嘴长竟如鸭喙。倘谓意在状尖吻之细腰猎犬，亦未免夸张。无以名之，曰怪兽而已。

1951年3月25日购于烟袋斜街秀古斋。

长 5.5 厘米

9.6 清卷草纹错金铁带钩

3.6×3.2厘米

龙首昂起，额下有钩。卷草纹初看似铁鋄金，谛观纹理皆高起，知为错而非鋄。其细如发，圆婉整饬，凿嵌之难可知，不禁叹其工艺之精绝，应是雍乾时期造办处所造。

1950年9月24日购于地安门冷摊。

9.7 清鎏金铜透镂双龙纹火镰

6×2.7厘米

左右两龙昂首踊向正中尖端。此处有孔供系绦索，盖借此孔作龙戏之珠，设想巧妙。整体镂空，备极玲珑剔透，器愈小而愈见其工艺之精，非皇家用物不能有此。下缘镶钢铁一条，供打石取火。

1951年7月15日购自廊房二条义聚斋。

者
艺

墨盒 10.2×7.2×2.5 厘米

镇尺 5.4×17.1×0.5 厘米

文具三事,均舅父画赠先慈而倩张寿丞刻制者。

墨盒画松径月下三人漫步。款识:"乙卯冬日,陶陶三妹属画,北楼。"盒底面有"同古堂"小圆印记。乙卯为1915年,是年襄一岁。

镇尺一画峭壁石径,牵者挽索曳舟而行。款识:"金城画,张寿丞刻。"一画垂柳楼阁,远景两人乘舟,一帆饱风。款识:"丁巳十二月,北楼为陶陶妹子制。"丁巳为1917年。

民国时期琉璃厂同古堂主人张寿丞常为书画家造铜文具,颇实用。镌字镂图,不失笔意,故被视为文化商品。今则有人作为文物收藏矣。

9.9 明四狮纹铜丝嵌珐琅委角方盘

天蓝色地,嵌出浅黄、黑、褐、深蓝四色狮子,以朱色飘带连结。中心起方框,两金刚杵相交成十字,原为承器托盘,用以供佛者。背面以各色番莲纹为饰。

18.7×18.5,高2厘米

9.10 乾隆梵文铜丝嵌珐琅小圆盘

径11.4,高2.1厘米

盘中心及边缘均嵌梵文。背面嵌八宝纹及云纹。底中心鎏金。刻款楷书"乾隆年制"。是为清宫中佛前供具。

盘为陶瓷收藏家桂月汀物。桂逝世后经金毓黻先生代为购得。

9.11 金禹民制麒麟纹六方小端砚

正面周边高起，浅雕水纹。背面中心浮雕麒麟，有古意，颇似曹素功墨。紫檀整挖盒。小巧典雅，堪称案头精美文具，1946年购自金禹民，当时以为乃清早期时物，或顾二娘之流亚。数年后，禹民告我乃其手制。

禹民工篆刻，尤善制印纽，美妙绝伦，实今世之周尚均、杨玉璇。且精于鉴别，在宣武门内设小肆，经营文玩。予有竹根圆雕刘海戏蟾，失衣襟一角，请为治理，补缀后天衣无缝，浑然一体，故更知其为修复古器物高手。惟当时经济不景气，虽身怀绝技，且勤奋作业，生活仍十分清苦。50年代，经我介绍，故宫博物院作为技术人员录用。是时我已不在故宫工作，而张葱玉、傅忠谟、王天木诸先生在文物局任职，均属知交，且知我决不轻易参与人事推荐，徇私而为人谋职也。

禹民实为故宫最需要人才，惜不知发挥其所长。既不请其修复院中伤损文物，又不请其传授修复技艺，而只见其书法尚工整秀丽，令长年书写说明牌额，以至终老。实辜负我当年拳拳之意，惜哉！

六方角至角8.4，厚1.8厘米

9.12 清尚均雕螭纹红寿山印泥盒

盒盖以方格锦纹为地，中雕一螭，鬃鬣高扬，角竖口张。右灵芝一枝，似从螭口吐出。左"尚均"两字，篆文，小而隐蔽，非仔细寻觅不易发现。外有三螭蟠绕，形态各异，爪尾相接，极圆婉流畅之美。立墙雕朵云，沿口有宽边，镂卷草纹。盖内中部圆光，细划双凤。

盒底锦地上雕双螭，间以流云，有助构图之回旋生动。立墙三螭环行，沿口花纹与盖同。底内中部圆光细划凤及朵云。

以上螭纹均为高浮雕，圆浑莹润如明早期剔红。凤纹划痕极细，而运刀仍见轻重浅深。各边缘子口，无一处无纹理，雕饰已达到极限，竟无繁赘之嫌，而不禁对其典雅精绝欢喜赞叹。盖因其图案主题螭纹乃经精心设计，形态有高度之变化。其效果与乾隆时期不少制品相较，雕饰虽同等精工，后者惟只由形式化之纹饰作无休止之重复，堆砌填塞，不满不止，自然美丑悬殊，绝不相侔也。

按尚均名周彬，清初福建漳州人，乃制寿山印组及圆雕人物高手，论者以为在杨玉璇（名玑）上。徐康《前尘梦影录》卷下记其所藏印盒："余在申江得一红寿山石椭圆印盒，长三寸，高二寸，上下相等。两面阳文六龙，皆五爪。中刻

凤形，阴文。侧首空处，署款'尚均'二字，八分书。"盒形非圆，主题为龙而非螭，虽与此盒有异，其工艺及风格则完全一致。类此极精之作，自须穷年累月始能完成。但尚均一生，所制决不止三五件也。

螭纹寿石印泥盒，原为舅父墨茶阁中物，幼年曾于画案上见之，备受北楼先生钟爱。"文革"前散出，为估人所有。予知其为重要文玩，几经辗转始以厚酬易得。

"文革"中，印泥盒与其他长物全部被抄。发还时又随我家被抄文物运入故宫。目的在给予国家博物馆一次从容挑选、再次没收的机会。故宫为此成立专家挑选组，其中积极性最高的为魏松卿同志。"三反"运动后，故宫开展"大换班"，从部队调入大量工农兵干部，其中有魏同志。抗日时期，他担任地下工作，以卖酒隐其身份，文化水平虽不高，但来故宫后竟对文物感兴趣，肯用心研究，并为此而不辞专程走访离职已多年之下走，研讨有关髹饰及其他工艺问题，在转业干部中实属难得。我也因此和他有交往。渠曾面告："你的尚均雕印泥盒，是上上精品，故宫都没有，这次我们挑上了，不还给你了。"我点头称"是"。

此次发还而又被扣之文物有四五十件之多，除印泥盒外有铜炉二十余座。后来，此事被吴仲超院长发现，认为不符合国家落实政策规定，又全部送还我家。

径8. 通高4.4厘米

者
艺

径 14.6×11.7. 通高 16.5 厘米

紫檀黝黑如墨，高浮雕龙二，鱼、狮、马、虎、象、犀、螺各一，出没波涛中。水势汹涌，激荡砰訇，盘涡深旋，浪花飞溅，愈助海怪夭矫腾跃之势。按鱼龙海水，间以异兽，唐宋时期已用作装饰题材，至元明更为流行。北京团城之元大玉瓮，乃广为人知之实例。此器二龙丰颅长喙，鬐鬣奋张，气势雄伟，与

永、宣青花所绘，颇多似处，非明晚期所能有。其他动物貌亦奇古，故雕制年月可能不出15世纪，在紫檀笔筒中应为时代较早者。

50年代于荣宝斋后堂玻璃柜中见之，两次询价，均谓"不对外"。第三次遇店员有一面之雅，始许购之而归。

"文革"后发还被抄文物，不见

踪影者何止百数十件，一时未能想起者尚不在此例，其中有三件紫檀笔筒，皆予铭心之物。其一晚期制，螭龙一躯蟠笔筒上，高浮雕几成圆雕，脊线如刃，犀利无比，此外全器光素无纹。50年代购自东安市场西门内回民古玩商，人称"小门张"者。其二清早期制，随形镂雕成古树桩，错节盘根，自然古拙，

仿佛千百岁。有阳文浮雕"能盘山穴，得近墨池"隶书八字，铲刻精绝。50年代购自地安门宝聚斋曹书田，购时恰值天津韩慎先生来京，知予得之，特通电致贺，可见鉴赏家对此器之重视。其三即此鱼龙海兽笔筒。为此三件及其他未发还文物曾多次去府学胡同北京市文物管理处查询，均毫无结果。

1983年，故宫博物院邀我至北五所库房鉴定竹刻并为定级，启一柜，鱼龙海兽笔筒竟赫然在屉板上。取视，内贴纸条书一"毛"字。询其故，始知为"毛家湾林彪住宅送来"之标记。予上书国家文物局，说明笔筒乃我被抄未还之物。经国家文物局与北京市文物管理处查核抄家底册及"四人帮"从文管处取走文物之登记账，发现此笔筒确实抄自我家，后被黄永胜拿走，故记在黄之账上。今有下落，自应发还给我。数月后笔筒由文管处送还至我家。

事后我有一事不明：笔筒既被黄永胜拿走，记在黄之账上，何以会由毛家湾林彪住宅送交故宫？不得不求教于文管处工作人员之"文革"前即相识者。渠谓当时"四人帮"

及其爪牙，往往三五辆汽车蜂拥而至。进门各选所需，然后彼此评比，争论优劣，间以嬉笑打骂，丑态百出。在离去前，手中所选文物，往往已经过交换。故由姓黄转为姓林，实不足为奇云。是真可谓"国之将亡，必出妖孽"也！

1987年，襄参加《中国美术全集》编撰工作，得将笔筒收入《竹木牙角》卷，为明代木雕增添重要实例。其艺术价值实远远超过上海博物馆所藏明墓出土之紫檀螭纹扁壶。个人收藏，亦能为国家出版物做贡献，识者当无疑义也。

又一题外事，不妨顺便述及。予被抄图书中，使用最多，故盼早日归还者为商务影印、后附四角号码索引之七卷本《佩文韵府》。当时无法买到，不得不求助于文管处之工作人员，其中有书行转业相识已数十年者。一年后，通知我前往领取。告知我书前不久方从吴法宪家中取回。吾曾于报端见吴之尊容，脑满肠肥似胸无点墨者，真不知其要《佩文韵府》作何用也。

9.14 清潘老桐刻人物紫檀笔筒

笔筒浅刻一叟，戴巾帽，衣宽袍，袖手而立，若不胜其寒者。

背面有题诗及款识："路入寒梅江树斜，十分浓雪一分花。野人能奈三更冷，明月空山问酒家。雍正岁次乙巳小春月，诸君同集卧秋草堂，老匏赋诗，雪堂写意，药溪作书，老桐法镌。"按老匏名朱冕，雪堂为蔡嘉，药溪名汪宏，老桐为刻竹名家潘西凤。郑板桥有赠诗："试看潘郎精刻竹，胸无万卷待如何？"一器由四名家合作而成，弥足珍爱。当年扬州艺苑风流，亦可想见。

50年代末天和斋古玩店歇业后，郭静安入主东交民巷懋隆商店，予以微值得之。郭主要经营宋元及官窑瓷器，对文玩杂项殊不经意也。

径10.9，高12.3厘米

者艺

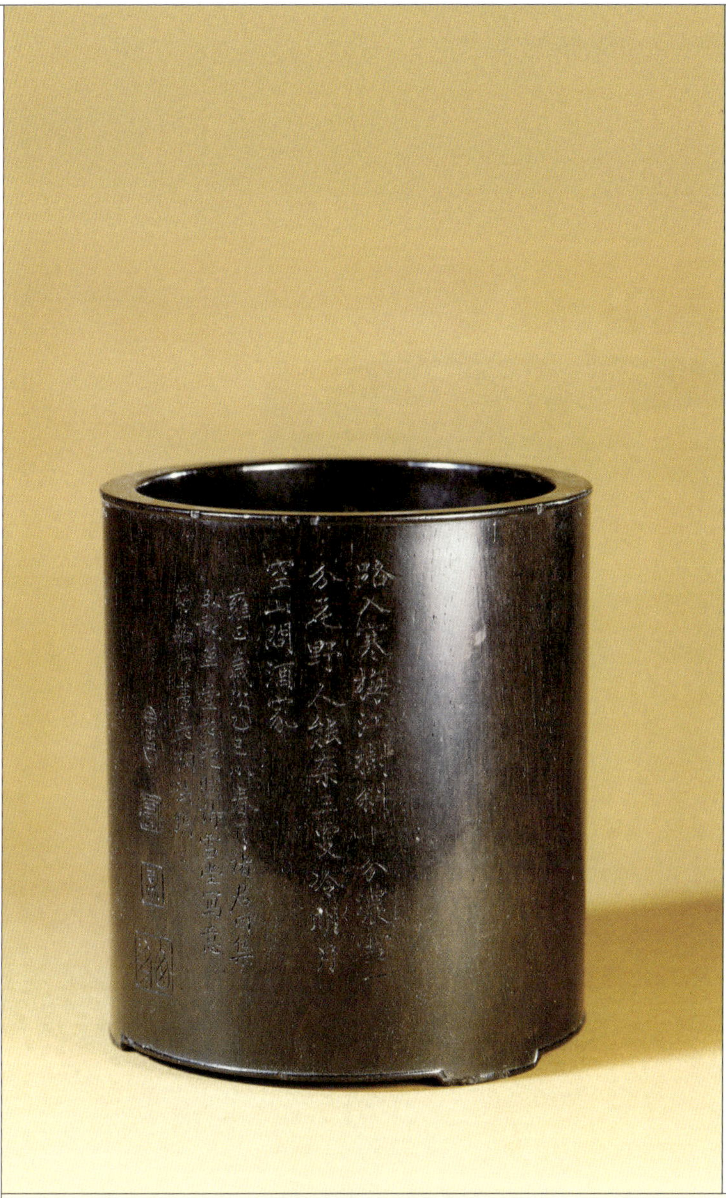

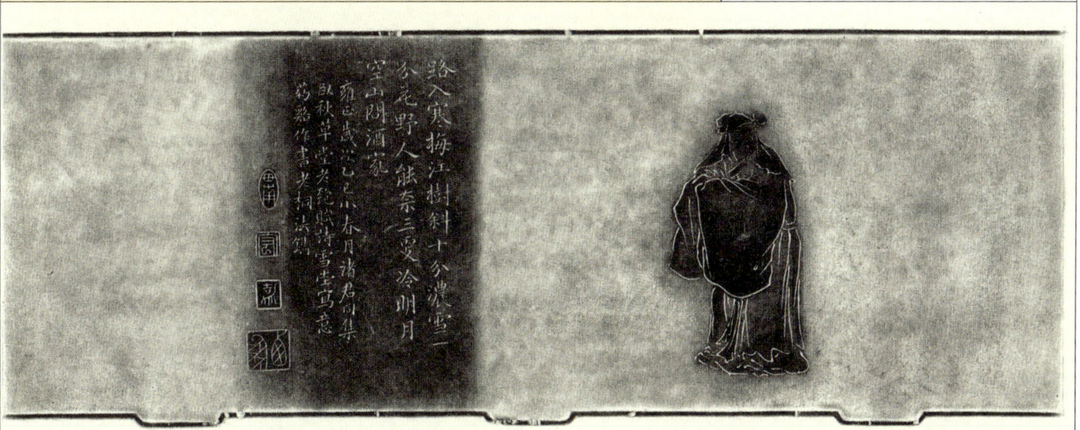
路入寒梅江樹斜十分濃雪一
分花野人能奈三更冷明月
空山問酒家

者
艺

径11.7，高13厘米

梁山舟铭并识曰："诗有筒，酒有筒，尖头公，居此中。床以翡翠易毁，架以珊瑚太工。檀心坚栗而圆通，紫气郁郁腾虚空。立而不倚，和而不同，君子鉴之，以束吾躬。嘉庆十八年岁在癸酉八月之朔，山舟梁同书铭并书于频螺庵，时年九十有一。张芑堂镌。"

梁同书，清中期名书家，广为人知。芑堂乃张燕昌字，海盐人，善画兰竹花木，工篆隶，精铁笔。其子张开福、侄张辛皆以刻竹名。

50年代购笔筒于崇文门外青山居。

曾见某出版物报道某博物馆藏紫檀笔筒，铭文题识、书者刻者与此全同。孰为原件，孰为翻刻，轩轾高下，当取实物比较，始可分辨。大凡竹木雕刻，与书画真迹只有一纸不同。倘从原迹勾摹两纸，由一手刻在两件之上，则两件价值相等，不存在原刻翻刻问题。

除非书画家写在器物之上，则刻成只有一件。再从此勾摹雕镌，均为翻刻矣。

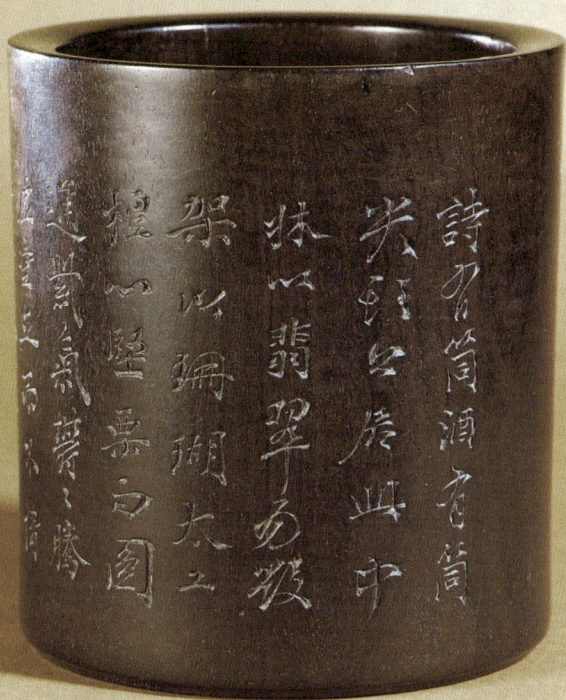

詩瓷筒酒者筒
尖耶公展此中
抹以翡翠而殺
樨以珊瑚太工
架以堅栗勿圖
通赭氣蔚之勝
虛室之而不倚
鑒之以朱吾射
和可不同君子
嘉慶十八年
歲左參百八
月之朔之子
梁昌銘书
壹丁頻燦虛
一張芑堂鍋

9.16 明紫檀天然形笔筒

北京文物业对硬木笔筒，不经车旋，造型不规则乃至畸形者，曰"随形"或"天然形"。以紫檀为多，缘其无大材也。其中较常见者为多处经刀削，高低不平，且随处突出瘿节，状其苍古。虽名曰随形或天然形，实纯出人工刀凿，俗不足取。偶遇造型如古树一截，虽亦经磨治，但无造作痕迹，意趣远胜前者，惟为数甚少耳。

此器体形接近椭圆，瘿节孔穴，错落有致，宛若天生。久经摩挲，圆润无比。更因壁厚约3厘米，底厚达7厘米，稳重朴实，得未曾有。以予所见天然形笔筒，未有更出其右者。

笔筒出自同仁堂乐家，主人久居西城锦什坊街，一时忘其名号。谢世后有人持来，亟购之。

口径17.4×14，高19厘米

8×6.5，高5厘米

沉香木一丸，大仅盈握，雕鸳鸯相偎，状至亲昵。背上莲叶承花，并蒂而开，亦寓匹偶成双之意。类此圆雕小品，最宜把玩，故有"暖手"之称。沉香稍受温，即散芬馥，制暖手视他木为宜。

50年代于青山居珠玉肆见之，足侧凹陷，因妄人取样，验是否为真香而受损，可恶之至！予爱其形态绝妙，虽有伤，不惜多金易归。一日邀葱玉兄小酌，案头见此，脱口曰"明、明、明"，把玩不忍释手。反复审视，且告曰："明清小品之精者，每藏款识于不易见处，故定须仔细寻找。"鸳鸯并无款识，予出螭纹寿石印泥盒相示。葱玉发现尚均款字，笑曰："如何？吾言验矣！"

诸
艺

长 26.2，上宽 5，下宽 6 厘米

拍板由三片紫檀组成。面板正面起剑脊棱，铲地雕阳文缠莲纹，背面平整光素。中间一片，两面均平整光素。底板正面平整，缠莲纹与面板相同，惟易浮雕为阴刻；背面起剑脊棱，但不施雕饰。

浮雕阴刻两种刀法均甚精湛工整，论其风格，类乾隆时期内廷器物。

1951年3月4日购自东琉璃厂蕉叶山房。主人张莲舫，经营古琴，且善修复。不同乐器亦每于店中见之。

9.19 清桃榔木盘

径23.5. 高4.2厘米

盘光素无纹饰，底平无足，只正中开一圆光。造型至为淳朴，但全身布满天然纹理，正背面密攒碎点，细如鱼子。外缘圆斑，大小相间，极似竹根根须切断后所遗痕迹，故人每误以为用竹根镟成，而实为桃榔木。其可爱处尤在斑纹绚如犀皮漆器，包浆至佳，润滑而饶古趣。

盘为东四恩华斋高徒张德山物，曾自设古玩店聚和祥，以经营明官窑青花著名。寓居则在隆福寺内孙家坑。盘长期放在其家堂屋条案一端瓷罐口上，用以代已缺之罐盖。予一见不能释手，求售而坚不与。渠谓此为非卖品，乃用以供老母盛放果饵者。不获已，乃曰："为堂上置一上佳麦穗皮袄如何？"予如其请。

按桃榔木，宋周去非《岭外代答·桃榔》条称："其根皆细须，坚实如铁，镟以为器，悉成孔雀尾斑，世以为珍。"《本草纲目》卷三十一《集解》曰："桃榔木岭南二广州郡皆有之，……其木似栟榈而坚硬，斫其内取面，大者至数石，食之不饥。……木性如竹，紫黑色有文而坚，工人解之，以制博弈局。"

故宫藏有桃榔木器物多件，少数刻有乾隆御题，并有诗文收入御制集。惟所见实物，未有圆熟可爱如此盘者。

径12.8, 高2.8厘米

全体光素，只沿口、沿足及足内起弦纹三道。款在足内，阳文楷书"康熙赏玩"四字。碟内髹黑漆。

清沈初《西清笔记》称"葫芦器康熙间始为之"。弘历《恭题壶卢碗歌》："敬思当日圣意渊，不贵异物祛奢靡。园开丰泽重农圃，蔬匏尔时种于此。"丰泽园，据《清宫史续编》在西苑太液池瀛台西北，即今中南海内。匏碟正是在该园种植范制而成者。

者
艺

高 22 厘米

　　八仙各居上下瓶肚之一面。上为吕洞宾，背剑；曹国舅，持拍板；蓝采和，吹笛；汉钟离，捧桃；下为张果老，持渔鼓；何仙姑，持莲蓬；李铁拐，挂拐持葫芦；韩湘子，捧花篮。三角形斜面内以圆寿字为饰。底葵花及楷书四字款"乾隆赏玩"。1950 年 5 月 21 日购自东安市场古玩商张延炳。

　　全国解放后予深虑范匏工艺将失传。自 1979 年《故宫博物院院刊》发表拙文《谈匏器》后，开始有人试种模子葫芦虫具。自 1993 年《说葫芦》一书问世后，开始有人试种瓶壶笔筒葫芦器。迨至今日，京津两地，各式范匏已摆满一条街，再无失传泯灭之虞，吾泰然心安矣。

9.22 乾隆寿字纹尊

　　葫芦仅下肚入范，正方抹角，四面以圆寿字及卷草纹为饰。上肚则任其自然生长。

　　据现藏故宫博物院之四兽纹尊，知此为已范成器而尚未裁切成尊，再镶口施髹饰。故今虽显然是完整葫芦而名之曰"尊"。正因其尚未裁切，不啻告人范制此类器物，乃用大约腰葫芦而非侈腹之匏。底部无赏玩款，但花纹整饬精细，一丝不苟，可肯定为乾隆时期宫廷御制匏器。

通高 33.5，下肚宽 12 厘米

者艺

9.23 "乾隆赏玩"缠莲纹匏盖罐

周身范缠莲纹，花叶疏朗。足内隐起双弦纹圈，楷书四字"乾隆赏玩"款。盖范莲瓣纹，借柄蒂为纽。罐与盖均髹黑漆里。经审视，罐身颇厚，盖身甚薄，柄蒂纤细，且盖之肌肤细腻而罐之肌肤粗糙，乃用两种葫芦范成，并非取自同一匏实也。大凡葫芦器有盖器物远较无盖者珍贵，以其范制甚难上下配合，传世甚稀也。

50 年代末购于东四烟筒胡同何玉堂家。

腹径 11，通盖高 10.2 厘米

9.24 官模子六方回纹葫芦

每面回纹二，中以曲线分隔。柄蒂尚在，知用单肚小葫芦范成。造型扁隘，似只堪把玩而不宜贮养冬日鸣虫也。

此种小型葫芦器，约自嘉、道时开始流行。倘非御苑所植，定出贵胄府邸，故被称为"官模子"。据已知情况，后者可信，理由有三。（一）类此葫芦未见有"赏玩"款识。（二）清室遗留在故宫之文物中缺少此类藏品，但大型匏器则甚多。（三）王府中确有范制葫芦者，如地安门内慈慧殿宗室永良私邸。

径8，高5厘米

9.25 官模子四方瓦当纹葫芦

径6.2 x 6.2，高5.8厘米

三面分别范"长毋相忘"、"宜富当贵"、"飞鸿延年"瓦当纹饰。一面范款，行书"汉瓦当文字，兰兰摹"八字。旁有小长方印，文难辨。底部圆圈居中，云纹四朵填角。

1949年7月自美国考察参观博物馆归来，在港候船北返，滞留一月有余始成行。休闲时曾逛古玩店，购葫芦小品两件，此其一也。当时铺面甚狭隘，不能想象其后之有摩罗街也。

9.26 官模子马上封侯鼻烟壶

范四瓣，一面柳阴系马，一面猿猴缘木摘桃，寓"马上封侯"之意。类此吉祥图案，往往有蜂房或游蜂，烟壶身小，故难备容。

此为清宗室绵宜光绪间在沈阳开园所范。

高6.6，宽3.6厘米

9.27 官模子花卉山石纹鼻烟壶

通高6.4，宽5.7厘米

9.28 当代子孙万代纹鼻烟壶

高5.5，下肚径3.5厘米

范四瓣，形如扁壶，两面开光，各以花卉山石为饰。所异者一为牡丹，一为菊花耳。两肩隐起衔环兽面。

壶盖早佚，暂将绵宜所范寿字纹葫芦圆片置其上。此等圆片原即为镶烟壶盖而制。

葫芦纹多蔓多实，俗称"子孙万代"，言其果实累累，繁衍久远。此烟壶为千禧年前后天津植匏者所范。经染色，宛若百年前物。置诸清后期葫芦器中，竟难认出其为新制。

全国解放后，由于社会变革，范匏工艺已濒灭绝。自1979年予发表《谈匏器》一文，始有人来询问范匏之法。追《说葫芦》、《中国葫芦》相继问世，京津两地业此者渐多。今则津沽一地种者已逾百家，不仅范匏大量畜虫葫芦，且已能仿制清代宫廷瓶、壶、尊、盒、笔筒、盘、碗等器。我国独有之范匏艺术已无失传之虞，至感欣慰。烟壶虽小，范制却难，亦可见其雕模工艺，与日俱进也。

径 7.8, 高 5.5 厘米

葫芦之不中范者, 徐水种户多以板夹之, 使之平扁, 以便入怀, 专供罐家售虫之用, 名曰"葫芦头", 其值甚微。予有新意, 就其平整处, 裁切图片嵌镶在车镟红木盒上, 并火绘小景, 一为盆梅, 一为松枝磐石, 颇可悦目赏心。当年裁得图片虽多, 制成器者仅此一对。1945 年秋自蜀返京, 盛红豆以献荃猷者, 即此盒也。

玩具

一、狗具

猎狗用具，值得保存收藏者不多，主要为绳绊。绳绊有三类：一为日常遛狗所用。布绊实纳，素铁转环，骆驼毛绳。二为出猎所用。遛狗之绊，不必更换，毛绳则往往被皮条取代。皮条即驾骡马车所用者，使用柔软后，纵狗出击，抽之出环，比毛绳更加迅速。三为晒狗所用。即正月初八白云观磨盘松晒狗之日所用者。缎子重叠作绊，丝线实纳，密如鱼子。绿色谷子皮剪成各种花纹，缉纳为饰。转环均錾龙头，有口含活动珠者。丝绳用蓝色或青色丝线编成。最名贵之转环为清末武旦路玉珊旧藏，独一无二，百余年来广为人知之五毒环子。磨盘上伏蟾蜍，惟妙惟肖。上圆环梁外錾蜈蚣及蛇，其下扁方肩上錾蝎子、壁虎。深痛穿有此转环之绳绊与几副龙头转环绳绊及未穿绊之转环十数枚，"文革"中全被抄去，无一存者。今可收入此集仅钩子、棒子而已。

钩子、棒子之用在獾被狗擒后，必张嘴乱咬，此时正好用钩子钩其上腭或下颏，并棒击獾鼻梁，使其立毙。因时在夜间，下钩实非易事，故掌钩执棒者定是行家里手。

钩铁杆钢尖，上细而实，下粗而中空，名曰"裤"，安硬木把。裤上镶铜钉，突起如珠，曰"星"，与钩背（俗谓"脑勺"）相对。夜间钩把在握，凭掌心感觉，可知钩尖朝向，不致生误。据闻当年有狂妄小子，自炫其能，坚欲掌钩，以致忙乱中误伤人腿，传为笑谈，从此得外号"二愣子"。

10.1 瘫子制獾钩　犴达罕角棒子

钩子长85厘米，棒子长39厘米

上世纪初，有铁匠住德胜门外西北郊铁狮子坟附近，瘫痪不良于行，人称"瘫子"，而技艺精绝。善锻造云片花火枪，黑白纹理相间，如行云流水，绚丽无比。此獾钩即居地安门外荣爷（幼年人称"胖小荣"，与其弟荣三皆是驯狗养鹰高手。荣爷之子即京剧名家程砚秋先生）亲诣瘫子定制者。钩刚中有柔，不断不弯，为荣氏兄弟得心应手之

逛獾用具。襄因与荣三交游多年，蒙慨然见赠。

"犴达罕"，或写作"堪达汉"，乃满语，即驼鹿，俗称四不像。截其角为击獾之棒，取其坚而重，惟粗而直如此者，颇为难得，亦荣三所赠。

六十年前在东四盐店大院茶馆墙上贴有风俗画出围图。猎者五人，牵狗者三。狗颈套绊穿绳，猛

曳向前。人在狗后丈余，挽绳而身向后倾仄。前曳后拽，绳被绷直，即养狗家所乐道之"绷成一根棍似的"，用以形容狗之健壮猛烈。猎者戴毡帽盔，穿靰鞡鞋，青布裤褂。獾钩打在光板老羊皮袄卷中，系扎背后，两端外露，钩尖高出头上。棒子别在腰间骆驼毛绳内。画手艺不高，但人旺狗欢，大有气势，亦可视为当年荣家兄弟出围图也。

二、鹰具

北京养鹰，主要有三种：细雄（雄）、松子（雌）为第一种，最小。伯雄（雄）、鹞子（雌）为第二种，稍大。鸡鹰（雄）、大鹰（雌）为第三种，最大。同种之鹰，雌者大于雄者。兔鹘，即今所谓猎隼，上世纪养者已不多。

鹰大小不同，用具亦异。养松子、细雄除转环外，有绕线用之棒子及水葫芦。养鹞子、伯雄，水葫芦外还有铃铛。我因不喜养小鹰，故偶尔买到转环即送友好。仅奉赠王希文老友即逾十枚。今仅有水葫芦两具，因系名家所遗，且红润可爱，故保存至今。

大鹰养家对转环最为重视。其次为铃铛，音响优劣颇有差异。系在鹰尾翎上，用象牙或骨制垫板支架，增加铃之灵敏度，尾稍动即有声。鹰攫兔入草丛，闻铃声即可找到。此外有鹰帽、套袖（即韝）、五尺子（即系鹰之绦，因长达五尺而得名）、猫兜子（即盛兔之袋）等，亦有制作甚精者，惟终属消耗品。饲鹰用瓢，剖椰壳为之，施雕刻，佳者有收藏价值。水葫芦因容量太小，喂大鹰已不适用。出行多携带一般旅行用具铝制水壶。

大鹰转环，大小不一，高 2.5—4 厘米
小者一枚为松子转环，高 1.6 厘米

旋（镟），即转环。从"金"因用金属制成；从"旋"因其能旋转，使绦（系鹰之绳索即五尺子）不致拧绞在一起。杜工部《画鹰》诗，"绦旋光堪摘"，所言即转环与五尺子。

盒中有转环十二枚，题名"韝鹰十二旋"。凡三行，行四枚。除第二行第二为小鹰转环外，余均为大鹰转环，于此可见其不同造型。首行四枚为蜘蛛肚式；二行第四及三行第一、第四为磨盘式；二行第一为灯笼式，第三为花篮式；三行第二、第三为捧盒式。大都采用上下双龙衔环为雕饰。时代均为清，制作较粗者如二行第三、三行第四乃民间制品。其余较工细者为清宫造办处制品。

蜘蛛肚四枚，50年代购于隆福

寺鸟市，此外均捃拾于冷摊。凑足十二枚，制盒贮之。第二行第二原有黄铜磨盘式一枚，被人借去不

还，以松子小转环填补。虽不能代原件，却可见不同鹰种所用转环之大小差异。

小者高16，下肚径6.5厘米

大者高20.5，下肚径7.4厘米

养鹰家取修长约腰葫芦，横置时蒂柄一端稍稍上翘者为佳。就上肚之半，随形开口，余半凹掐如勺，刳去瓤子，磨光髹黑漆里，名曰"水葫芦"。出猎鸟雀，葫芦下肚贮清水，木楔塞之，系腰间随行。日夕饲鹰，置肉勺内，去塞平卧，水流入勺，鹰就之而食，水肉两足。

较小一具为养松子、细雄所用水葫芦。较大一具为养伯雄、鹞子所用水葫芦。色皆红润，润洁无瑕，乃西直门养小鹰世家李凤山故物。李以善驯鹞子名，能使盘空随人而行，呼之即下。两具皆其祖父手制所遗。凤山如在世已年届百数十岁。水葫芦当为二百年前物。

三、秋虫用具

秋虫，又称斗虫，指秋日捉自田野之蟋蟀，北京通称蛐蛐。

我十岁开始玩蛐蛐，只知在巷口大柳罐中"抓老虎"。十四五岁开始骑车至郊区捕捉，或从隆福寺、东华门等摊贩购买。十八九岁以后主要去宣武门外蛐蛐店选购。因眼力不高，以多求胜，更无余资置好虫具，仅有若干万礼张盆，且非上佳有包浆皮子者。少数小恭信及子玉净面、万礼张过笼（读lǒng，上声），均为老友李桐华所赠。故当年养虫之日，并未藏有值得称道之虫具。

1950年以后，在故宫工作，已无眠养虫。时值解放之初，秋虫行业极度萧条。名贩赵子臣收得中南银行郑西忠五号赵子玉"乐在其中"小罐及钟杨旧藏大量过笼，不少有主人墨笔签押，久为人知，视为珍品。此时竟无人问津。而予游美归来不久，洛氏基金会所供生活费尚小有剩余，遂以低值得之。当时只出于多年无力购置，今得略偿宿愿之心情，实未尝有再作虫奴之勇气。什袭数十载，可入吾集者仅仅此数事。视往日北京各家所藏，不免倍感寒陋也。

10.4 明万礼张盆、万礼张五福捧寿过笼、朱砂鱼水槽

过笼高2.8，长6.8（后肩至肩）

盆径12.7，通盖高10厘米

万礼张盆作为养盆，远胜赵子玉盆，故北京养家如李桐华至少有四五十具，皆多年选购者。陶仲良家多至十桌，即二百四十具。皆厚腔，取其入冬仍适用。盆外有皮子，指光润之包浆。底慢渗水，涮后不随即渗入，渗入后仍湿润；要求不光又不糙，过光易翻掌，即爪锋上翘，糙又挂爪，易伤爪尖。故原底而符合要求者十不得一。图中所见，腔不薄，深色皮子，斑驳不全，底尚佳，但欠平整。在我所有万礼张中，已是佳者。李、陶二位只认为勉强可用，但心爱之虫决不忍其委身于此而定为另择美居也。

玩具

径9.1，通盖高7厘米

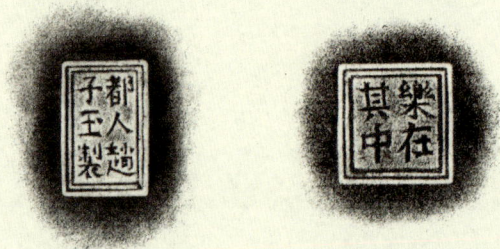

"乐在其中"为赵子玉多种款识盆之一，底盖不同文。盖为"乐在其中"方形戳记，底为"都人赵子玉制"长方形戳记。传世数量远远少于"古燕赵子玉造"款识者。更因此为五号小型罐，乃"乐在其中"盆之特殊品种，据闻完整者仅此一对，养家无不艳称之。藏者郑西忠秘不示人，颇有久思一见而缘悭者。郑即中南银行经理投资天和斋古玩店而扩大其营业者。郑逝世后盆始散出。予购得时，赵子臣愤然曰："要不是这年月，轮不到你！"有感于未得其值而售出，未免有怨言也。

南楼雅玩盆为南楼老人所造。光绪间成书之《虫鱼雅集·秋虫杂志》一篇记老人"得过蚁蚁紫一虫,……一胜到底,故尔封王。……有到过老人花园中纤环轩,见土山上果建有虫王庙"。内塑泥像三,其一即蚁蚁紫云。或谓南楼老人乃清宗室,豫王后裔,确否待考。盆之特点并非澄泥烧制,而是取御用金砖斧砍刀削,经心凿剔,打磨成器。方形款识亦非戳印打按,而系刀刻,且是阳文。其艰难程度,远非泥埴窑烧可比,故弥足珍贵。

径12.5、通盖高11厘米

元
具

10.7 明万礼张过笼两种

与赵子玉过笼比较，泥质稍粗，形制略矬。两种长短大小有差异，均为菊花纽，一作椭圆形，一接近方胜形，均桐华先生所赠。

高 2.3，长 6 厘米（后肩至肩）

高 2.7，长 7.3 厘米（后肩至肩）

10.8 清赵子玉双枣花过笼三种

高 2.6，长 6.2 厘米（后肩至肩）

高 2.6，长 6.7 厘米（后肩至肩）

高 2.5，长 7 厘米（后肩至肩）

此为子玉过笼中较朴素者。三种造型及大小略有差异。近似篦面者后背弧度较小，适宜放在较小之罐中。过笼背贴罐腔必须严密无间，以防蛐蛐须扫夹缝中，致遭断损。故养家过笼宜多忌少，以备选用。1950 年前后，赵子臣售我钟杨家旧藏过笼，一次即多至八九十具。当年养家，一般过笼数量为盆罐之三倍。口诀云："底要潮，串儿要干。"串儿即过笼。目的在使罐中既有较湿润之处，又有较干燥之处，可供蛐蛐选择适宜存身之地。串放罐中，两三天后会吸取罐底部分水分，此时即为更换一次。将取出串放入盘中，置通风处，吹干后再作更换之用。故不多于盆罐两三倍不敷使用也。

10.9 明万礼张五福捧寿过笼

盖面中为圆寿字，五蝠围簇四周，因而得名。赵子玉过笼有纹饰相同者，可见前后之承传关系。亦桐华先生所赠。

高 2.8. 长 6.8 厘米（后肩至肩）

10.10 清赵子玉五福捧寿过笼

过笼属于子玉白泥一类。泥较细，纹饰较精细，可见与万礼张过笼之差异。

高 2.8. 长 6.8 厘米（后肩至肩）

10.11 清赵子玉五福捧寿拉花过笼

"拉"读lá，割也。北京口语，如不慎刀伤手，曰"拉了一个口子"。过笼立墙可见方格刀刻图案花纹，拉花指此，可增添雕饰并防止提放时失手滑脱。

高 2.8，长 6.8 厘米（后肩至肩）

10.12 清赵子玉鹦鹉拉花过笼成对

以桃为纽，两鹦鹉围绕飞翔。立墙拉花。

以上子玉过笼均钟杨家一批中之较佳者。

高 2.9，长 6.8 厘米（后肩至肩）

元具

最大　青花山水纹马槽式 5.2 x 2.7 厘米　　最小　春茂轩制鱼藻纹椭圆式 2.7 x 2 厘米

光绪间拙园老人著《鱼虫雅集》讲到水槽："水槽亦有真伪。至高者曰蓝宝文鱼，有沙底，有瓷底。次则梅峰、怡情、宜春、太极、蜘蛛槽、螃蟹槽、春茂轩，不能尽述。"

图中 4.1（即第四行第一枚，下同）为文鱼；3.1-4 为梅峰；2.1-4 为怡情；4.3-4 为蜘蛛；5.1-4 为螃蟹；6.1-4 为春茂轩制；均可与以上引文相印证。论年代文鱼、梅峰、蜘蛛等较早，当为清前期。螃蟹约为清中期。怡情为清中晚期。春茂轩制最晚，乃太监小德张为慈禧饬景镇窑定烧者。7.2 水槽长边有青花款识"道光戊申含芳园制"。制者姓氏待考，定为京中大养家。所制含芳园澄泥过笼，亦甚精美。此外 7.1 秋叶式为德化窑白瓷，7.4 蛱蝶纹月牙式为浆胎青花，7.3 为紫沙挂瓷里，可见水槽花色品种甚繁。瓷水槽外尚有玉石、琉璃制者，但不多见。

10.14 紫红小蝈蝈葫芦

10.15 紫红中蝈蝈葫芦

四、冬虫用具

冬虫，又称鸣虫。北方用温室培育，在葫芦中贮养，欣赏其鸣声。主要虫种有油壶鲁、蛐蛐、蝈蝈、扎嘴、金钟。捉自山林之蝈蝈，少数蜕衣较晚者，可养至寒冬，亦被视为鸣虫。

1993年在香港出版《说葫芦》中英文双语本，1998年在上海出版中文简体字本，易名《中国葫芦》，各收葫芦虫具百数十器。今精选其中一部分，等于为历年所得作一总结。

葫芦虫具，简略言之，有以下数种。

一、本长。天然生成，光素无纹，以造型美好、年久色泽紫红光润为上。

二、模子葫芦。分素模子、花模子两种。素模子有三河刘、安肃模（河北徐水地区所产）、天津模等。花模子有道光以还王公府邸所种者，通称官模子。安肃、天津亦范制花模子。

据今所选，足见本人钟尚色泽优美之本长及有各种阳文文图之官模子。钟尚缘由在器物说明中将有所述及。

通口高10.5，腹径7厘米

蝈蝈葫芦历来以紫红本长为极品，即《燕京岁时记》所谓"以紫润坚厚为上"，大都截自传世已数百年之大亚腰葫芦，但腰松、口、翻、脖、肚符合虫具要求者，千百枚中未必有一，难能可贵在此。其年代不易确定，早则嘉、万，晚亦康、乾，久经摩挲，人气润泽，乃得肤如处子而色如重枣。伪者染色涂脂，有"油炸鬼"之称，识者不难辨认。

通口高11，腹径7.5厘米

护国寺北麻花胡同纪家，世代癖虫，此乃其旧藏。论形体、胎骨、色泽，均堪称第一。清末民初，与蛐蛐葫芦红雁（10.22）、紫雁誉为"三绝"，闻名京师。腹上有一小黑斑，曾视为白玉之瑕，却成为识别之标记。

10.16 紫红大蝈蝈葫芦

色泽浓艳，肌理莹澈，翻肚匀称，无美不臻。予得之较晚，在1949年游美归来后。时正忙于故宫工作，无暇畜蝈蝈已数年矣。

30年代初，虫估吕虎臣设葫芦摊于东安市场，与星命馆问心处相对。其最高层囊匣成行，此葫芦位居正中，号称镇摊之宝。几次问鼎，以索值奇昂，无力致之。不意二十年后，于挂货铺复见，付值不过当年所索之什一。原装锦匣尚在，而虎臣逝世有年矣。

通口高 12.7，腹径 8 厘米

10.17 紫红松脖大蝈蝈葫芦

此蝈蝈葫芦之享有盛名者。民国时期，城南朱六，以西山大山青或东山大草白，粘小药，贮此葫芦中，音苍且宏，叫遍九城，无与匹敌。识者谓全凭葫芦脖松，象牙口薄，盖里掏空，朱翁又善相虫、点药，故有此妙音。儿时在茶馆曾移座相就，再三求赐瞻仰，蒙老人出囊相示，双手捧持，仔细观看。发现花脐一侧，有小孔鼎足而三，铭记在心。二十年后，竟于天桥挂货铺获见。初以为岂能有此奇遇，及见脐侧小孔，乃得证实无误，不禁为之狂喜。牙口瓢盖，未免寒酸，不敢更换。但此后用以畜大蝈蝈，鸣声距当年朱翁者甚远。污染使鸣虫退化，虽可解嘲，相虫、点药，实终未得其奥窍也。

通口高 12.4，腹径 7.3 厘米

10.18 红色三疣蝈蝈葫芦

木瓜棒式，色红而妍，投入寻常之虫，常有不寻常之音，故罐家赵子臣视为至宝。一面突三疣，俗称"僵疙瘩"。本属微瑕，却成为此器标志，人皆识之。子臣在来幼和家帮闲，不数年，来家财散尽，子臣亦时或拮据，三疣乃售出。

通口高15，腹径7.8厘米

10.19 王世襄火绘金鱼蝈蝈葫芦

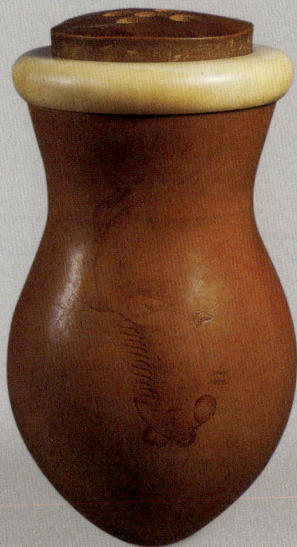

通口高13.8，腹径8厘米

1934年得此葫芦，因横腰有渍痕一抹，宛似水纹，爰效先慈画法，火绘俯泳龙睛鱼一尾，未竟而束诸高阁。多年后拣出拟续成之，但粗香已无售者，且目昏手战，深恐弄巧成拙。只得以刘安之"谨毛则失貌"为辞，藉以解嘲。

10.20 深黄倒栽油壶鲁葫芦

葫芦顶部邻近蒂柄处,尖者多而圆者少,此竟圆如葫芦底肚,故截成倒栽,不用安牙托,甚为难得。腰松而身不甚高,为本叫大油壶鲁或翅子之理想用具。蒙心镂八宝,系"广做"。

此器于1930年前后在宣外蛐蛐店购自徐水植匏者,不数年而颜色转黄,今则润熟如百余年物。盖因其摘剪稍晚,生长成熟,又经盘弄,乃得如此。可见葫芦色泽虽可据以判断年代,但有时未必准确。当从多方面推测,不宜全凭色泽浅深。三河刘葫芦往往多年颜色不变,乃因追求糠胎出音,不待完全成熟即下架之故。

通口高10,口径6.5厘米

10.21 干黄倒栽油壶鲁葫芦

身材较高,宜用以贮粘药油壶鲁。象牙口框,梅花纹黑色槟榔瓢蒙心。

1930年前后,勤行张师傅于冷摊得有柄约腰葫芦,截成此器。投入粘药笨油壶鲁,音响甚佳,养虫家无不称道。予以善价求之,始蒙见让。

通口高11,口径6.2厘米

元具

通口高12.9，腹径4.3厘米

通口高14，腹径5.9厘米

此乃麻花胡同纪家旧藏之"红雁"，清末民初与"紫雁"为京师最驰名之蛐蛐葫芦。红、紫言其色，雁言其形，谓修长如雁脖也。

1934年秋，行经东四万聚兴古玩店，名葫芦贩孙猴（姓孙，因精明过人而得此绰号，是时予已年逾七旬）先我而在，手持红雁与店主葛大议价。轻我年幼，未必识货，价不谐，彳亍欲去。正待出门，予已如数付值。渠急转身，已不可及，大为懊丧，不禁失色。是时予虽知葫芦绝佳，但对其来历，茫然不知。后承讬绍先生（铜锤名票，享誉在金少山前，后曾下海）见告，始知即赫赫有名之红雁。倒栽底部不镶牙托而补以同色之葫芦片乃其特征。据讬老言，紫雁视此色泽浓艳，但身娖，停匀秀丽则远逊。

红雁购得时，有口无框，牙已开裂，故只得更换口框，配以玳瑁蒙心。

此蛐蛐葫芦之至大者，非七八厘之虫，翅厚筋粗，且径粘药，难有好音。如用以养粘药之大翅或长衣子则更佳。正复因此，数十年来多闲置，而葫芦色泽则渐可赏玩矣。

此亦1930年前后购自徐水客人，配以牙口框，仁义顺制松鼠葡萄玳瑁蒙心。

258

10.24 官模子五言唐诗蝈蝈葫芦

范四瓣。李白诗："床前明月光,疑是地上霜。举头望明月,低头思故乡。"岑参诗："此地曾居住,今年宛似归。可怜汾上柳,相见亦依依。"小楷有晋人笔意,定出学人之手。染绿虬角口。

通口高11,口径5厘米

10.25 官模子七言绝句蝈蝈葫芦

范四瓣。诗曰："芙蓉花发满江红,尽道芙蓉胜妾容。昨日妾从堤上过,如何人不看芙蓉?"诗秀丽隽永,愧未能查出何人所作。楷书笔意与前器相同。

通口高12.5,口径5.8厘米

通口高15.5，口径5.5厘米　　　　　　　　　通口高14.8，口径6.2厘米

　　模痕八道，身瘦而底尖，范唐郑审《酒席赋得匏瓢》五律一首："华阁与贤开，仙瓢自远来。幽林常伴许，陌巷亦随回。挂影怜红壁，倾心向玉杯。何曾斟酌处，不使玉山颓。"及"右录郑审诗"五字。行草共八行，笔意流畅有致，非功力深者不能为。所见官模子虫具以此及前

两具为较早，色已深黄，与康、乾赏玩器色泽相似，时代可能在道光前。

　　此具范制方法有两种可能：用八瓣阴文木范，或用九根木条拼成之阳文木模（外周八根，加中心一根共九根），再用木模翻脱成瓦范。因年代较早，采用前一方法制成可能性较大。

　　模痕六道。六蝠展翅飞翔，而俯仰向背，姿态各异。流云萦回映带，连缀成章。花纹清晰，圆熟可爱。

范四瓣，细长作棒子形。孔雀立石上，引颈张翅，旁有瑶草琪花。流云布满花纹空隙，与前六蝠一具极相似，可能为一家所制。

1933 年小雷得此于德胜门鬼市。官模子极少有如此修长者，花纹亦出人意想，故诧为至宝。驰送我家，一见惊喜。惟索值不肯少让，终如其愿而去。小雷即砑花而常署款"行有恒堂"者也。

通口高 20，口径 5.2 厘米

通口高 17，口径 6.7 厘米

范四瓣。四龙居中，两麟在上，两狮居下。流云地与六蝠、孔雀两具相似。

葫芦通口高 17.5，口径 6.2 厘米

木范高 18.2，口径 8.2，腹径 7.8 厘米

予初得木范于东四古玩店，一见而知为葫芦模子，阴刻《三国演义》凤仪亭故事。原为四瓣，被粘合成两块，穹然如瓦。髹以黑漆，彩绘花卉。盖将畦中扣悬之模具，改为案头赏玩之陈设，说明是时已不范匏，模具闲置有年矣。据髹饰风格，当在清末民初。

十余年后，予于金氏家中一次购得官模子、虫具数十件，中有此凤仪亭葫芦。纳入范中，若合符节，为之狂喜。此后经查询对清代后期官模子虫具之范制有所知晓。

金氏家住东四四条三号（东口路北第二门），宗室永良之子绵宜世居此宅。永良府邸在地安门慈慧殿，所范葫芦通称"慈慧殿官模子"。绵宜在同治、光绪间又在沈阳开园种植。予购得之数十件多数为绵宜所范，少数可能为永良手植，如郑审匏瓢诗色泽较深一丬（10.26）。

葫芦花纹突起，方亭之前，吕布貂婵携手而行，两情眷恋。假山外，董卓持戟来寻，怒不可遏。木范缕工十分精细，长成始得有此效果。

元具

芳草地上，湖石围中，一女子坐石床昼寝，背面乃其梦境。左侧双蝶叠翅齐飞，比兴画意。曾见安肃模子（徐水民间花模子）秘戏图，视此更为庸俗矣。

通口高17，口径5.5厘米

10.32 官模子双蕙图蝈蝈葫芦

范痕仅见一道，模具为何，待考。其造型身短底尖，通称鸡心瓶式。

露根蕙草两丛，蕊萼茎叶，一仰一俯。花纹饱满莹润，有露湛珠圆之妙。平生所见范花葫芦，何虑千百，可与此媲美者实鲜。

中学就读时，与勤行张师傅因养虫缔忘年交，知予喜官模子而蒙割爱，至今感荷。

通口高 11，口径 6 厘米

10.33 官模子赤壁图蝈蝈葫芦

模痕六道。船篷下二人，长髯者东坡，背插麈尾者佛印，冠幞头者客也。前有稚子烹茶，后有舟人撑篙。波涛汹涌，似拍船有声。仰望则巉岩泻瀑，霜树垂枝，所写为《后赤壁赋》景色。

通口高12.8，口径6.7厘米

通口高11.8，口径5.6厘米

范四瓣，每瓣两螭相对，中有一字满文。经向中央档案馆屈六生先生请教，知为"天官福赐"四字。满文右行，动词在名词后，故即汉文"天官赐福"。

此具经绵宜后人售出。因色泽较深，且用满文吉祥语为饰，可能是慈慧殿永良所制。满文在生活中之使用，清中期以后日益稀少，据此而有范制年代早于绵宜之推测。

267

10.35 官模子"公余遣兴"蝈蝈葫芦

范四瓣，缠枝莲纹作地，以器物文字组成图案。一弦纹觯，上有篆书"公余遣兴"四字。一鹅颈壶，上有"秋兴"二字。一壶形器，颈有"玉"字，腹有"买春"二字，合为"玉壶买春"。一落叶，中有"报秋"二字。

同、光间绵宜在沈阳官盛京户部侍郎，园中植匏，"公余遣兴"符合其当时口吻。

通口高 11.3，口径 6.4 厘米

10.36 官模子钟鼎铭文蝈蝈葫芦

通口高 12，口径 5.3 厘米

　　范四瓣。缠枝莲纹作地，每瓣正中范钟鼎铭文，下用篆文标明彝器名称。经张政烺先生释读，一为申鼎铭文"宝鼎"二字，下标"申鼎"二字；二为周鸡单卣铭文，下标"鸡单卣"三字；三为商鹿钟铭文，下标"鹿钟"二字；四为秉仲鼎铭文，下标"秉仲鼎"三字。以上除一见宋薛尚功《历代钟鼎彝器款识法帖》外，余均见嘉庆时成书之王复斋《钟鼎款识》。

10.37 官模子风雨归舟蝈蝈葫芦阳文范芯

高 29. 口部径 7.6 厘米

模由梨木六条拼成,加中心可
抽出者共七条。故翻成瓦范,用以
范制葫芦,可见模痕六道,上端有
铜箍,借将木模箍紧定形,翻瓦范
时始不致移动错位,保证花纹连贯
齐整。

木模刻一人张伞,蜷跼船中。
舟子撑篙,逆风而上。树木、芦荻
皆向一方倾斜,写出骤雨狂风之
势。按八角鼓子弟书中《风雨归舟》
为脍炙人口之唱段,此用形象艺术
现之于葫芦之上,足见其为当年喜
闻乐见之题材也。

通口高13.3，口径4.3厘米

通口高13.8，口径4厘米

　　范四瓣。中为云龙，上为暗八仙，下为八宝。另一件与此同出一范，而花纹低浅模糊，优劣相差甚远。

　　范四瓣。造型与前云龙纹一具似而年代较晚。

　　此亦为绵宜后人售出数十具之一。

10.40 官模子八方篆文扎嘴葫芦

不见范痕，据造型当为四瓣或八瓣。篆文八字，读为"玉壶贮暖，金谷留春"。释其中"暖"字颇费踌躇。经检得"暖"可写作"暵"，始无疑义。味其语意，贮暖仍与冬日畜虫有关，玉壶在前蝈蝈葫芦上用作纹饰，故可能此亦为永良、绵宜父子所范。

原有象牙盖，突起乳状七丁，中有透孔，知曾作畜虫之用。但容量有限，只能养扎嘴或身小之蝈蝈。

通口高5.4，腹径7.2厘米

10.41 官模子筥箩纹鱼篓式扎嘴葫芦

范四瓣，底足内瓣痕清晰可数。造型如鱼篓，取其扁薄，便于入怀。此为官模子之别出心裁者，极为难得。

通口高9.5，宽8厘米

10.42 官模子锦纹漱口盂式油壶鲁葫芦

模痕六道。周身龟背锦纹而每格内实以枣花一朵。口际蕉叶纹一周匝，叶尖皆向上，与所见官模子叶尖朝下不同。且体形较大，色泽深黄，造型古拙，在所见官模子油壶鲁葫芦中以此为最早，其模制年代或早于道光。象牙口框，岁寒三友纹镶碧琉璃珠象牙蒙心。

东四四条王星杰，内务府当差，并开设金店，雄于赀财。喜畜虫，曾选所爱之葫芦装潢成木匣两堂。其一位居上层之中者为文三火绘九秋图沙酒壶式三河刘。另一连居中者即此具。评诠高下，时人皆重三河刘而轻官模子。幸与予所见大异，否则散出时非予力所能致矣。

通口高9.5，腹径7厘米

10.43 官模子"道光 年制"福庆有余漱口盂式油壶鲁葫芦

通口高8.8，腹径6.8厘米

范痕难辨。花纹分上下两栏。上为磬、鲶鱼、盘肠，下为蝙蝠、卍字、寿桃，寓"福庆有余，万寿年长"之意。底足方框内楷书"道光年制"四字。

按康、乾两朝禁苑所范，一律为"赏玩"款，而此改为"年制"，似足以说明乃府邸所种，为避免僭越，不得不改。衡以常理，如仍供御玩，则必遵循前规，勿须改换也。

通口高9.2，腹径5.2厘米（左）

通高10，腹径5.1厘米（右）

范四瓣。诗曰："年少青青到老黄，十分拷打结成双。送君千里终须别，弃旧怜新抛路旁。"按谜底为草鞋。象牙口框，牵牛花蛱蝶玳瑁蒙心。

* * * *

范四瓣。诗曰："短发蓬松绿未匀，裂裳脱却着红裙。从今嫁与张郎去，赢得僧敲月下门。"谜底久思不得。求教于启元白兄，谓可能是园卉锦灯笼，又名豆姑娘儿。初生时果蒂上有小须，果外有绿色薄皮蒙罩，成熟后露出红色果实。黄檀口框，象牙牡丹纹蒙心。

两件谜语葫芦与前五、七言诗蝈蝈葫芦（10.24，10.25）当为一家所范。

尝以为研究满族文化习俗，不能将范匏艺术、鸣虫爱好排除在外，而应视为占有一定位置之组成部分。范匏明代虽已不足异（据谢肇淛《五杂俎》），其发展至顶峰乃在进入清宫之后。康熙帝玄烨植匏于禁苑丰泽园，乾隆帝弘历更为耽爱，收入御制集有关葫芦器诗篇有十首之多。两朝制器今藏故宫者数量当以百计。嘉、道时期，宫中规模大减，但几处王府随即开始种植。其尤著者为永良、绵文父子在地安门府邸范制的所谓"慈慧殿官模子"。稍后绵宜还在盛京（沈阳）开园种葫芦。所制与前朝"赏玩"款识器之差异不再是盘碗瓶壶、笔筒砚盒，而以虫具为主。花纹图像一变维恭维

谨、繁缛精细风格，而呈现活泼清新、开朗多姿之全新气象。所选廿余器为数不多，已可证吾说之不妄。正因官模子葫芦内涵丰富，能反映范制者文化修养、生活情趣，工艺又十分精美，远非安肃模等所能比拟，故对其情有独钟，在所藏虫具中占较大比重。

冬日养蝈蝈，玄烨有《络纬养至暮春》诗；弘历《咏络纬》诗序也言及"取络纬种育于暖室"。惟虫具为锦囊与绣笼而非葫芦。大约至道光用葫芦作虫具始流行，并可以说明何以虫具葫芦未见有早于道光年款者。从此上自贵族公卿，下至八旗子弟，满族平民多以葫芦畜鸣虫为冬日玩好。直至20世纪，北京养冬虫者仍以满族人为多。

10.46 三河刘棒子式小蝈蝈葫芦成对

无花纹，但有不规则纸纹。在翻模时先用纸包裹木模，然后敷泥。入窑后，纸烧成灰，但纸纹尚在，故葫芦长成出范时，纸纹犹存。

玉黍米，北京通称棒子。葫芦外形似棒子，故名。

此为三河刘棒子式之小号者，宜贮养翠绿小蝈蝈或扎嘴。

通口高14，口径4.6厘米

通口高13.8，口径4.8厘米

通口高9.5, 腹径6厘米　　通口高9.5, 腹径5.2厘米

此为三河刘中百不一见之高身葫芦。清末民初，养家只知听本叫，此器因上口留得较多，翻又而身高，故出音不及矮身者，不免束诸高阁。不料上世纪二三十年代，粘药盛行，此器竟因三河刘绝少高身者而身价十倍。乐咏西之棠梨肚，余叔岩之大白皮，王星杰之沙酒壶，皆高身三河刘而煊赫一时者也。象牙口框，双凤朝阳玳瑁蒙心。

身上纸纹甚多，隐约可见。文三火画山水，山石树木，桥上行人。惜因年久，葫芦色日深而火画色日浅，已模糊不清。原成对，藏满族名门某氏，忘其名姓。另一惜口裂残损。

刘显庭，晚清三河县人，所范葫芦，因叫虫出音，为人所珍，身价甚高，名曰"三河刘"。当年公认三河刘葫芦之特点在：胎骨疏松，有利发声；光素无纹，但有纸纹，表皮较薄，曰"草子皮"，年久皮色变化不大，多白皮；造型有和尚头、沙酒壶、滑车、棒子等形式；保留葫芦内壁白瓤，使贴着壁上，名曰"带里子"等等。后因安肃、天津模等争相仿效，各特点不为三河刘所独有，遂使真伪鉴定出现困难。刘氏之失在葫芦既无花纹，又无戳记为其制品留有明确标志。且传至今日，三河刘多矮身，不符合养家好尚，故已不存在任何优势。吾以为三河刘终将成为历史陈迹，徒有其名而已。

葫芦乃襄手植,所用木模乃襄手制。

唐冯贽《记事珠》载:"梁王筠(字德柔)'好弄葫芦',每吟咏则注水于葫芦,倾已复注。若掷之于地,则诗成矣。"予喜与德柔同宗,亦好葫芦,并耽吟咏,因忝以"又筠"为号。

1938 年在燕京大学东门外刚秉庙侧菜圃中试种葫芦。手制木模,车旋既成,摹张和庵《百华诗笺谱》(光绪三十二年文美斋精刊朱印本)中月季一枝于上,倩海淀刻印社张君雕镂之,并送至东郊六里屯治埴者翻成瓦范。是年蚜虫为虐,仅得两三器,且胎薄不惬吾意,此其一也。

十余年后,赵子臣知予有此模,多次登门求借,并曰:"所种既不惬意,曷不送交天津摆设(种葫芦者绰号)范制。如有佳者,定以为献。"予不胜其扰,乃付之去。不意此后竟无消息。旋子臣、摆设相继逝世,此模亦不可踪迹矣。

1983 年香港曾柱昭先生惠寄《国际亚洲文物展览图册》(International Asian Antiques Fair, 1983, May),刊出出自此模者两器。始知子臣狡黠,得佳者善价而估,不使我见,终乃流出国门。两器皆生长成熟,故皮色已转深黄,且经摩挲盘弄,仿佛是百年前物。曾君等遂定其年代为 1800—1900,若然,则予竟是嘉庆、道光间人,不禁为之哑然失笑也。

通口高 17.2,口径 6.6 厘米

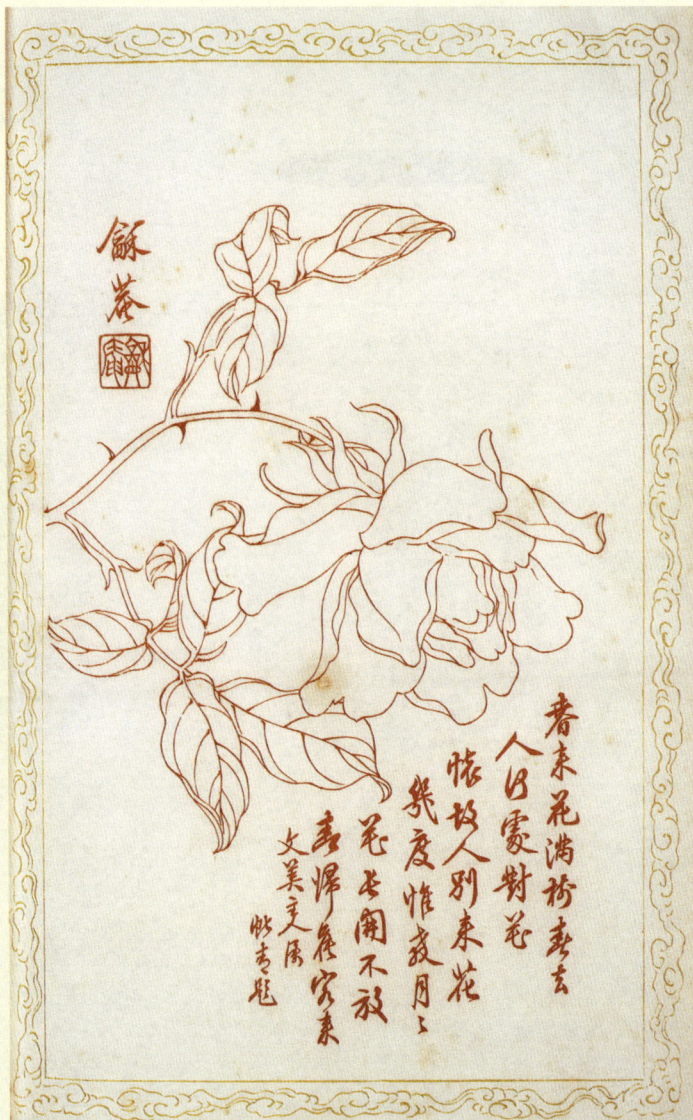

《百华诗笺谱》中的一页

10.50 王世襄火画摹宋人山水天津模蝈蝈葫芦

火绘摹宋人举杯玩月图,传为
马远所作。

通口高17.8,口径6.7厘米

通口高18. 口径5.8厘米

火绘摹明王谔溪岸访友图，稍有简略，使景物周匝衔接。谔四明人，浙派中之佼佼者。

北宗山水皴法用斧劈，以铁笔出之，似较披麻、解索为易。

通口高 16.7，口径 5.7 厘米　　　　　　　　　　通口高 17，口径 5.9 厘米

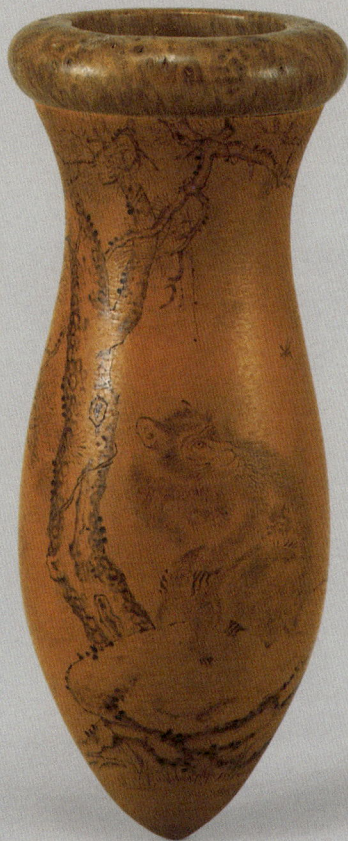

　　火绘用极热针画荷叶、柳树，温热针画柳条，拟唐六如采莲图笔意。

　　　　＊　　　＊　　　＊

　　松上有蜂房，松下稚猴偎母怀以防螫伤，吉祥图案所谓"封侯图"是也。窃以为高官贵爵，易招祸灾，未必吉祥。又假虫豸、兽畜谐声会意，亦可谓之为讽刺画也。

　　火画虫具，今存者仅此四件，均作于 1935 年前后，在燕京大学进修医预科时期。有此闲情逸兴，化学、物理各门又安能及格。

　　各种葫芦装饰方法，予均欲一试。范制阳文模子，只有又筠款月季纹一具。半载辛勤，仅得两三具，又无上佳者，以为得不偿失，不再种植。砑葫芦曾试作两件，因易伤皮，表现能力又不如火绘，故浅尝便止。火画作品较多，且被京中养家视为三家之一。三家者管平湖（仲康）、薄俉（毅斋）及下走。予虽不娴六法，自以为运针、火候，视两先生并不多让。当年画成随手赠同好，不下数十件。近拟借还留影，竟不可得，故旧凋零尽矣。火绘鸽哨，为数较多，幸大部尚存。

10.54 惠字深紫漆中葫芦、鸣字浅紫漆中葫芦

北京鸽哨，历史悠久。惟制哨名家有实物流传者自署名"惠"字者始。惠字活跃于道、咸间，随后成名者有"永"（亦称老永）、"鸣"、"兴"、"永"（亦称小永，老永之子）、"祥"、"文"、"鸿"，共八家。末三家活跃于上世纪前半叶。我因定制鸽哨而和周春泉（祥）、陶佐文（文）、吴子通（鸿）相识并订交，所藏鸽哨亦以此三家制者为多。

鸽哨可分为"葫芦"（用葫芦作主体）、"联筒"（用细筒、粗筒单行排列制成）、"星排"（在托板上安哨）、"星眼"（用一葫芦一粗筒为主体，另加数目不等小哨）四类，总数不下数十种。

径7.4厘米，径7厘米

10.55 老永字黑漆小九星成对、老永字淡黄全竹十一眼成对

九星、十一眼均属星眼类。所谓全竹，指间之圆肚亦用厚竹挖成，而星眼类一般制品，其圆肚用葫芦制成。

高4厘米 高5.2厘米

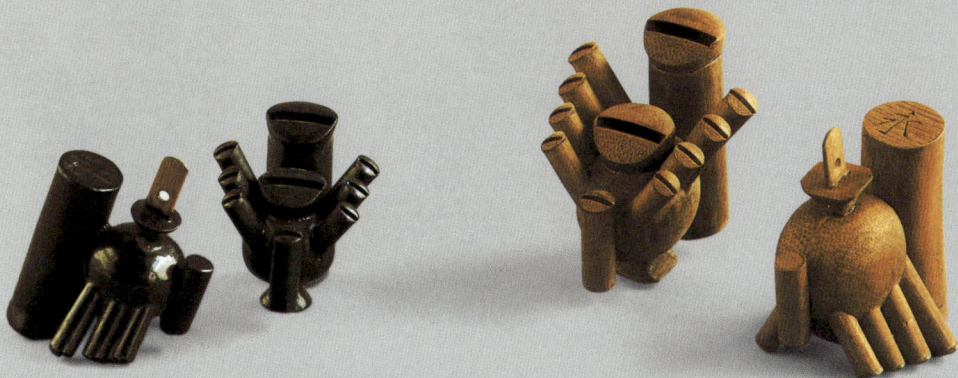

10.56 老永字黑漆葫芦成对、老永字紫漆全竹十五眼成对

高5.4、5.1厘米　高5.4、5.2厘米

10.57 兴字紫漆全竹十一眼成对

高5.5、5.5厘米

10.58 小永字紫漆大葫芦、文字深紫漆口截口成对

截口指将葫芦内部空间隔成大小略有差异的两个空间，使发出和谐而高低不同的哨音，通称"阴阳音"。

径7厘米 径5.3、5.3厘米

10.59 文字斑竹梅花七星成对、鸿字黑漆柱圆壳三排十八子成对

两对均属星排类。梅花言其排列之形。十八子言两件哨数相加之数。

径3.5、3.5厘米 高5.5厘米

10.60 祥字紫漆全竹众星捧月成对

一般众星捧月用葫芦制成。全竹则用竹材挖成多瓣，斗合成形。

径6.5、6.5厘米

10.61 祥字紫漆黑口勒瓣葫芦成对

用绳结网，套在幼小葫芦上，长成后被绳勒出花瓣。成对须两枚葫芦高矮、大小基本相同，故较难配成一对。

径7.1、7.1厘米

10.62 祥字紫漆橘皮胎葫芦成对

用鲜橘挖出肉瓤后，填满炉灰末，使其渐渐脱水，不致变形。干透后里外髹漆，加固成鸽哨胎骨，用以代替葫芦。

径5.6、5.6厘米

10.63 祥字、桐字黑漆猪头葫芦成对

左祥字4.5厘米　右桐字4.5厘米

祥字为制猪头葫芦成对，后失其一，遂请桐字配制一枚。不看署名，竟难分辨孰先孰后。桐字为工程师张宝桐，幼年与陶佐文为邻并得其真传者也。

元具

匣高 15.5，横宽 30×30 厘米

　　左匣中间两行为葫芦类之葫芦、截口及众星捧月。两侧两行为联筒类之三联、四联、五联。

　　右匣中间两行为星排类之梅花七星、三排、五排。两侧两行为联筒类之二筒、三筒、四筒。

10.65 祥字紫漆鸽哨成堂长方匣

全匣鸽哨均属星眼类，从七星
到三十五眼共计十五对。

匣高 15.5，横宽 64 × 30 厘米

元具

匣高19，横宽64×50厘米

共计十六对，均火绘于1933—1936年。

匣高 15.5，横宽 69 × 50 厘米

共计十九对，均火绘于1933—
1936年。

图版目录

王世襄编著书目

家具

《明式家具珍赏》（王世襄编著）中文繁体字版，三联书店（香港）有限公司/文物出版社（北京）联合出版，1985年9月香港第一版。艺术图书公司（台湾），1987年出版。中文简体字版，文物出版社（北京），2003年9月第二版。

Classic Chinese Furniture（《明式家具珍赏》英文版）三联书店（香港）有限公司，1986年9月出版。寒山堂（伦敦），1986年出版。China Books and Periodicals（旧金山），1986年出版。White Lotus Co.（曼谷），1986年出版。Art Media Resources（芝加哥），1991年出版。

Mobilier Chinois（《明式家具珍赏》法文版）Editions du Regard（巴黎），1986年出版。

Klassiche Chinesische Möbel（《明式家具珍赏》德文版）Deutsche Verlags Anstalt（斯图加特），1989年出版。

《明式家具研究》（王世襄著，袁荃猷制图）三联书店（香港）有限公司，1989年7月第一版（全二卷）。南天书局（台湾），1989年7月出版。生活·读书·新知三联书店（北京），2007年1月第二版（全一卷）。

Connoisseurship of Chinese Furniture（《明式家具研究》英文版）三联书店（香港）有限公司，1990年出版。Art Media Resources（芝加哥），1990年出版。

Masterpieces from The Museum of Classical Chinese Furniture（美国加州中国古典家具博物馆选集，与柯惕思 [Curtis Evarts] 合编）Chinese Art Foundation（芝加哥和旧金山），1995年出版。

《明式家具萃珍》（王世襄编著，袁荃猷绘图）中文繁体字版，中华艺文基金会（芝加哥和旧金山），1997年1月出版。中文简体字版，上海人民出版社，2005年11月出版。

工艺

《髹饰录解说》 1958年自刻油印初稿本。文物出版社,1983年3月增订本,1998年11月修订再版。

《髹饰录》(〔明〕黄成著,〔明〕杨明注,王世襄编) 中国人民大学出版社,2004年1月出版。

《故宫博物院藏雕漆》(选编并撰写元明各件说明) 文物出版社,1983年10月出版。

《中国古代漆器》 文物出版社,1987年12月出版。

Ancient Chinese Lacquerware(《中国古代漆器》英文版) 外文出版社,1987年12月出版。

《中国美术全集·工艺美术编·竹木牙角器卷》 文物出版社,1988年12月出版。

《中国美术全集·工艺美术编·漆器卷》 文物出版社,1989年2月出版。

《清代匠作则例汇编》(漆作、油作)1962年油印本,尚未正式出版。

《清代匠作则例汇编》(佛作、门神作) 1963年6月自刻油印本。北京古籍出版社,2002年2月出版。

《刻竹小言》(影印本,金西厓著,王世襄整理) 中国人民大学出版社,2003年11月出版。

《竹刻艺术》(书首为金西厓先生《刻竹小言》) 人民美术出版社,1980年4月出版。

《竹刻》 人民美术出版社,1992年6月出版。

Bamboo Carvings of China(中国竹刻展览英文图录,与翁万戈先生合编)华美协进社(纽约),1983年出版。

《竹刻鉴赏》 先智出版事业股份有限公司(台湾),1997年9月出版。

《清代匠作则例》(王世襄主编,全八卷,已出一、二卷) 大象出版社,2000年4月出版。

《中国鼻烟壶珍赏》 三联书店(香港)有限公司,1992年8月出版。

绘画

《中国画论研究》(影印本,全六册)1939-1943年写成。广西师范大学出版社,2002年7月出版。

《画学汇编》(王世襄校辑) 1959年5月自刻油印本。

《金章》(王世襄编次先慈画集并手录遗著《濠梁知乐集》) 翰墨轩(香港),1999年11月出版,收入《中国近代名家书画全集》，为第 31 集。

《高松竹谱》《遁山竹谱》（手摹明刊本。同书异名，高松号遁山） 人民美术出版社，1958 年 5 月出版。香港大业公司，1988 年 5 月精印足本。

音乐

《中国古代音乐史参考图片》人民音乐出版社，1954–1957 年出版 1–5 辑。

《中国古代音乐书目》 人民音乐出版社，1961 年 7 月出版。

《广陵散》（书首说明部分） 音乐出版社，1958 年 6 月出版。

游艺

《明代鸽经　清宫鸽谱》（赵传集注释并今译《鸽经》） 河北教育出版社，2000 年 6 月出版。

《北京鸽哨》 生活·读书·新知三联书店，1989 年 9 月出版。辽宁教育出版社，2000 年 4 月中英双语版。

《说葫芦》 壹出版有限公司（香港），1993 年 8 月中英双语版。

《中国葫芦》 上海文化出版社，1998 年 11 月增订版。

《蟋蟀谱集成》（王世襄纂辑） 上海文化出版社，1993 年 8 月出版。

综合

《锦灰堆：王世襄自选集》（全三卷） 生活·读书·新知三联书店，1999 年 8 月出版。

《锦灰堆：王世襄自选集》（繁体字版，全六卷） 未来书城股份有限公司（台湾），2003 年 8 月出版。

《锦灰二堆：王世襄自选集》（全二卷） 生活·读书·新知三联书店，2003 年 8 月出版。

《锦灰三堆：王世襄自选集》 生活·读书·新知三联书店，2005 年 6 月出版。

《锦灰不成堆：王世襄自选集》 生活·读书·新知三联书店，2007 年 7 月出版。

《自珍集：俪松居长物志》 生活·读书·新知三联书店，2003 年 1 月出版，2007 年 3 月袖珍版。

图书在版编目（CIP）数据

王世襄集 / 王世襄著 . -- 北京：生活·读书·
新知三联书店，2013.7 （2024.4 重印）
ISBN 978-7-108-04560-7

Ⅰ.①王… Ⅱ.①王… Ⅲ.①王世襄（1914～2009）
—文集 Ⅳ.① C53

中国版本图书馆 CIP 数据核字 (2013) 第 142067 号

隶书题签、题字　黄苗子
传　　拓　傅大卣　傅万里
摄　　影　孙之常　郑　华　刘小放　张　平　孙克让
　　　　　杨　树　罗　扬　宗同昌　林　京　侯艺兵
制　　图　袁荃猷
责任编辑　张　荷　王　竞
装帧设计　蔡立国　薛　宇
责任印制　卢　岳
出版发行　生活·讀書·新知 三联书店
　　　　　北京市东城区美术馆东街 22 号　100010
经　　销　新华书店
网　　址　www.sdxjpc.com
印　　刷　天津裕同印刷有限公司
版　　次　2013 年 7 月北京第 1 版
　　　　　2024 年 4 月北京第 4 次印刷
开　　本　720 毫米 × 1020 毫米　1/16　印张 284.75
精装定价　1960.00 元
　　　　　（印装查询：01064002715；邮购查询：01084010542）